Nkechi Madubuko

Empowerment als Erziehungsaufgabe

AF186414

UNRAST

Dr. Nkechi Madubuko ist promovierte Soziologin, Dozentin und Diversity Trainerin. Ihre Arbeit als Journalistin startete 1996 bei Viva Zwei als eine der ersten Schwarzen Moderatorinnen im deutschen Fernsehen. Es folgten DSF, Premiere World und das ZDF. Nach ihrer Ausbildung zur TV- Redakteurin arbeitete sie 15 Jahre in der Redaktion Kulturzeit. 25 Jahre lang arbeitete sie als freie Moderatorin für Veranstaltungen im Bereich Antidiskriminierung und Migration. 2010 promovierte die dreifache Mutter zu biografischen Akzeptanzerfahrungen, herkunftsbezogenem Stress und deren Bewältigung von Schwarzen Deutschen. Als Autorin veröffentlichte sie Bücher und Beiträge zum Umgang mit Rassismuserfahrungen u.a. für das Bundesamt für Migration. Ihr Buch *Empowerment als Erziehungsaufgabe* ist das erste deutschsprachige Buch mit praktischem Wissen zum Umgang mit Rassismuserfahrungen. Es wird in Fachkreisen und an Fachhochschulen zu Fortbildungszwecken (u.a. Lehrakademie des Kultusministeriums) verwendet. Als Diversity-Trainerin bietet Nkechi Madubuko Fortbildungen und Workshops zu den Schwerpunkten diversitätssensibles und rassismuskritisches Handeln in professionellen Kontexten (Schule, Kita, Soziale Arbeit) sowie zu Empowerment an. Als Dozentin lehrt sie seit 2017 an den Universitäten Kassel und Düsseldorf (Empowerment Studies). Sie forscht seit 2023 zu Wirkungen von Rassismus auf das Wohlbefinden von Kindern.

Nkechi Madubuko

Empowerment als Erziehungsaufgabe

Praktisches Wissen für den Umgang mit Rassismuserfahrungen

UNRAST

Bibliografische Information der Deutschen Bibliothek:
Die Deutsche Bibliothek verzeichnet diese Publikation in
der Deutschen Nationalbibliografie; detaillierte bibliografische Daten sind im Internet über
http://dnb.de abrufbar.

Nkechi Madubuko
Empowerment als Erziehungsaufgabe

4. überarb. Auflage, Mai 2024
ISBN 978-3-89771-597-4

© UNRAST-Verlag, Münster 2016
kontakt@unrast-verlag.de | www.unrast-verlag.de
Mitglied in der assoziation Linker Verlage (aLiVe)

Umschlag: Tecla Mbayo
Umschlagfoto Vorderseite © Nkechi Madubuko
Umschlagfoto Rückseite © Kerstin Achenbach
Satz: Unrast Verlag, Münster
Druck: Multiprint, Kostinbrod

Inhalt

»I know where I'm going
and where I am coming from.
So here I come! «

Neneh Cherry

Ich widme dieses Buch Joy,
meiner Mutter, meinem Schutzraum.
Danke, Mom

Unsere Kinder brauchen Schutzräume – eine Einleitung

Eltern wünschen ihren Kindern, dass sie ein erfolgreiches und ausgefülltes Leben haben und dass ihnen alle Wege offenstehen.

Ich selbst bin Nigerianerin, in Deutschland geboren und aufgewachsen, Mutter dreier afrodeutscher Kinder und kenne das Gefühl, wenn mein Kind traurig nach Hause kommt, weil es Sprüche wegen seiner Hautfarbe zu hören bekommen hat. Es ist ein Ohnmachtsgefühl. Vor Erfahrungen von Rassismus, Vorurteilen und Benachteiligung können Eltern mit Migrationsgeschichte ihre Kinder nicht schützen. Aber als Eltern können sie ihnen helfen, eine seelische Widerstandskraft zu entwickeln, mit der sie Erfahrungen wie Rassismus, Vorurteile und Diskriminierung besser verarbeiten können. Außerdem können Eltern als ›Anwalt‹ des Kindes sein Recht auf Gleichbehandlung und respektvollen Umgang aktiv einfordern, indem sie die Verursacher zur Rede stellen.

Die Erkenntnis darüber, wie wichtig es ist, sich hinter die Kinder zu stellen und ihre Identität zu stärken, verdanke ich der Arbeit an meiner Promotion *Akkulturationsstress von Migranten* (2010). Im Zuge meiner Promotion in Soziologie habe ich mittels biografischer Interviews untersucht, wie Migranten_innen der zweiten Generation rassistisch motivierte Ablehnung verarbeitet haben und welche Strategien sie anwendeten, um damit umzugehen.

Es stellte sich dabei heraus, dass eine bestimmte Gruppe von Männern und Frauen in der Lage war, das Erlebte auf

9

Distanz zu halten, es differenziert zu betrachten, sodass weder Stress noch Minderwertigkeitsgefühle zurückblieben. Sie kamen alle aus einem Elternhaus, das sie emotional mit Selbstwertgefühl und Stolz auf ihre Herkunft ausgestattet hatte und ihnen unterstützend zur Seite stand, wenn es zu Übertretungen kam. So kam ich auf die Idee, dieses Buch zu schreiben und dieses Wissen mit anderen Eltern zu teilen. Ausgebaut habe ich mein so entstandenes Empowerment-Konzept durch Studien der interkulturellen Psychologie, Erfahrungen der Familientherapie und der Kinderpsychologie sowie Berichte der Antidiskriminierungsstelle des Bundes. Zahlreiche Gespräche mit Expert_innen, die Empowermentarbeit mit nicht-christlichen Jugendlichen und Kindern mit Migrationsgeschichte machen, vervollständigten das Bild. Ihre Erfahrungen und Aktionen in den Jugendgruppen werden im zweiten Teil des Buches vorgestellt.

Es gibt viele Wörter und Handlungen, die verletzend sind. In diesem Buch sind vor allem jene gemeint, die Kinder und Jugendliche mit Migrationsgeschichte (ob in der zweiten oder dritten Generation) und nicht-christliche Kinder und Jugendliche zu ›Anderen‹ machen und sie mit (negativen) Eigenschaften belegen. Dieses Buch richtet sich an alle Eltern, deren Kinder potenziell von Rassismus betroffen sind. Ihnen kommt die wichtige Rolle als Ansprechpartner und unterstützende Vertrauensperson für ihre Kinder zu. Sind Sie sich dessen erst einmal bewusst, können Sie ihrem Kind Rückhalt durch eine ›empowernde‹ Erziehung geben.

Ziel ist Empowerment im Sinne der Stärkung von Selbstvertrauen, Hilfe bei der Einordnung und Erhöhung der Handlungskompetenz, um eine Verinnerlichung der rassistischen Botschaften zu verhindern.

Das Buch versucht, Ihnen einen Überblick zu möglichen Umgangsformen mit den Rassismuserfahrungen ihrer

Kinder zu geben, indem es einerseits die Wirkungsweise der rassistischen Erfahrung auf den Selbstwert des Kindes aufzeigt und andererseits Wege eröffnet, wie Sie ihre Kinder auf unterschiedlichen Ebenen so ausstatten können, dass sie Gegenentwürfe zu Vorurteilen kennen und differenziert mit dem Erlebten umgehen lernen. Ich biete in jedem Kapitel konkrete Beispiele für Gespräche mit ihrem Kind und am Ende Handlungsoptionen für Sie. Ein stabiles Selbstwertgefühl, Wissen über die Hintergründe von Rassismus und Akzeptanzerfahrungen in geschützten Räumen bilden zusammen ein ›Rüstzeug‹ und einen ›Schutzmantel‹, der das Kind ›empowert‹ (in seinem Selbstwert stärkt) und damit auf friedfertige Weise wehrhafter macht.

Ob mit oder ohne sogenannten ›Migrationshintergrund‹ wissen wir, dass Alltagsrassismus und Diskriminierung auch unsere Kinder betrifft und manchmal auch bedrückt. Das Umfeld in der deutschen Mehrheitsgesellschaft wie auch seine Bildungsinstitutionen und die Einstellung einiger vorurteilsbelasteter Menschen (Erwachsene und Kinder) erschweren den Lebensweg unserer Kinder auf diese Weise. Von dieser Ungleichbehandlung und Herabsetzung ist potenziell jedes dritte Kind in Deutschland[1] betroffen. Vorurteilsbelastete Denkmuster und Klischees sind bei einigen Menschen in der Mehrheitsgesellschaft über ›die Migrantenkinder‹ oder z. B. ›die Muslime‹ Selbstverständlichkeit. Sie bestimmen ihre Einschätzungen, ihre Erwartungen, ihr Verhalten gegenüber diesen Kindern. Die Klischees in den Köpfen werden rasch und unbewusst zu einem herabwürdigenden Blick, den die Kinder im Alltag zu spüren bekommen. Kinder und

---

1   Im Jahr 2023 hatten 23,8 Millionen Menschen in Deutschland einen Migrationshintergrund (28,7% der Gesamtbevölkerung). Jede_r dritte Schüler_in hatte einen Migrationshintergrund. Quelle Mikrozensus (2023).

Jugendliche sind je nach Herkunftsland, Religion und Offensichtlichkeit der Fremdmarkierung unterschiedlich stark betroffen. Ein Diskriminierungsverbot ist zwar im Gesetz verankert – z. B. im Allgemeinen Gleichstellungsgesetz, den UN-Antirassismus-Konventionen und der Kinderrechtskonvention, die Deutschland jeweils unterschrieben hat –, wird aber faktisch nicht immer eingehalten bzw. durchgesetzt.

Die Eltern und Familien mit Migrationsgeschichte müssen hier für ihre Kinder einspringen und sich für das Recht ihrer Kinder auf Gleichbehandlung einsetzen. Das Wohlbefinden, die Gesundheit und das Selbstwertgefühl ihres Kindes stehen auf dem Spiel.

Der Umgang mit stresshaften Erfahrungen bleibt trotz der angebotenen Ansätze jedoch immer individuell unterschiedlich und kann nicht mit pauschalen Lösungsansätzen beantwortet werden, dafür sind Kinder in ihren Ressourcen und Persönlichkeiten zu verschieden. Die Vorschläge in diesem Buch sind jedoch Denkanstöße und Anreize, mit denen Sie sich auseinandersetzen können.

Ich wünsche Ihnen viel Spaß bei der Lektüre und hoffe, Sie finden die Anregungen, die Sie für sich suchen. Haben Sie Mut, gegenüber jeder Art von Ausgrenzung, Diskriminierung und rassistischer Beleidigung zum Schutz der gesunden Persönlichkeitsentwicklung ihrer Kinder ›empfindlich zu sein‹.

Gang durch die Kapitel

Im ersten Kapitel »Verletzte Seelen« wird die Erfahrung von Alltagsrassismus in seiner Definition, Wirkungsweise und seinem Verletzungspotenzial für den Selbstwert des Kindes vorgestellt. Als Einführung beschreibe ich Erkenntnisse aus der Kinderpsychologie was das Selbstwertgefühl eines Kindes ausmacht, und was es negativ und positiv beeinflussen kann. Da oft Unsicherheiten bei Eltern bestehen, ob sie sich gegen Diskriminierung wehren sollen, beschreibe ich den verbindlichen rechtlichen Rahmen, also welche Gesetze ein Diskriminierungsverbot in Deutschland regeln. Ich schildere anschließend die zum Teil diskriminierende Praxis in Schulen, die fehlende Diversitäts- und Kultursensibilität in Kitas und die problematischen Folgen für die Kinder und Schüler_innen mit Migrationsgeschichte. Das Kapitel endet mit Alternativansätzen für Bildungsinstitute: der Vorstellung des Anti-Bias-Ansatzes zu vorurteilsbewusster Erziehung für Fachkräfte und Handlungsvorschlägen für Sie als Eltern im Umgang mit Kitas und Schulen.

Im zweiten Kapitel wird ›Empowerment‹ als Begriff und die darin enthaltenen Elemente vorgestellt: die Frage der Identitätssuche – sich widerspiegeln zu können –, die Rolle wertschätzender Räume sowie kritisches Denken und Wissen über die Hintergründe von Vorurteilen und Rassismus. Zusammen bilden sie das ›Rüstzeug‹ in der Verarbeitung von Erfahrungen.

Das dritte Kapitel widmet sich im Ganzen dem, was die Eltern mitbringen sollten, um in der Lage zu sein, die seelische Widerstandskraft ihrer Kinder zu stärken. Das umfasst zum Beispiel, die Individualität des Kindes wahrzunehmen, es in seiner Persönlichkeit zu stärken und generell eine Vertrauensbeziehung zum Kind aufzubauen. In Kapitel vier geht es um den Umgang mit Rassismuserfahrungen. Ich beginne mit Erkenntnissen aus der Familientherapie und zeige auf, was Kinder stark macht, um mit Belastungen (wie Rassismus) umzugehen. Daraufhin stelle ich konkret drei beispielhafte Handlungsstrategien im Umgang mit Rassismus vor (mit dem Vorbehalt, diese der Situation, dem Alter und der Persönlichkeit des Kindes anzupassen). Das Kapitel endet mit einer Reflexionsaufgabe für die Eltern. Diese soll Ihnen dabei helfen ihre eigenen Einstellungen gegenüber vorurteilsbelasteten Deutschen ohne Migrationsgeschichte zu hinterfragen, um zu sehen, welches Weltbild Sie in dieser Hinsicht ihren Kindern in Ihrer Erziehung als Botschaft vermitteln.

Im fünften Kapitel »Innerer Schutzraum« sowie im sechsten Kapitel »Äußerer Schutzraum« skizziere ich die beiden Komponenten ›Zuhause‹ und ›soziales Umfeld‹, die das Gesamtgefüge ausmachen, in dem das Kind mit einem ›Schutzmantel‹ aus Akzeptanzerfahrung, Liebe, Wertschätzung und sozialem Austausch ausgestattet werden kann. Dabei gehe ich auf die Rolle des Bezuges zum Herkunftsland oder zur Religion und die unterstützende Wirkung von interkulturellen, vorurteilssensiblen Kinder- und Jugendbüchern ein. Sie sind wertvolle Hilfsmittel, um sich zu identifizieren, über Geschichten zu lernen, Probleme aktiv anzugehen und zu lösen.

In Kapitel sechs »Äußerer Schutzraum« stelle ich die Arbeit von empowernden Jugendgruppen mit afrodeutschen Jugendlichen, Jungen und Mädchen mit Sinti/Roma Herkunft, jüdischem und muslimischen Glaubens vor. Die Jugendlichen selbst und deren Leiter_innen beschreiben die Probleme der Identitätssuche, die Vorurteile und Zuschreibungen, wie sie angeblich seien, mit ihnen machen. Was die Jugendlichen erfahren, und wie sie in den Jugendgruppen geschützte Räume finden, in denen sie sich nicht als »besonders« sondern zugehörig erleben, ihre Identitätsfragen thematisieren und für sich beantworten können.

Das siebte Kapitel widmet sich problematischen Verhaltensweisen gegenüber Rassismus: ›tabuisieren‹, ›herunterspielen‹, ›ertragen müssen‹ und ›Rassismus in das Zentrum stellen‹. In diesem Kapitel sollen die problematischen Folgen der darin versteckten Erziehungsbotschaften dargestellt werden. Am Ende des Buches fasse ich mein Empowerment-Konzept in der »Maxime für Empowerment-Eltern« zusammen.

1
Verletzte Seelen

Eine Kindergartengeschichte: Nach einem erfolgreichen Spiel dürfen alle Kinder etwas aus der Süßigkeitentüte greifen. Als ein afrodeutscher Junge von 5 Jahren auch hineingreifen will, sind die anderen Kinder dagegen, sie hätten Angst, eine Krankheit aus Afrika zu bekommen. Die Erzieherinnen stellen es nicht klar. Der Junge bekommt nichts aus der Gemeinschaftstüte.

In der Grundschule: Ein afrodeutsches Mädchen ist in ihrer Klasse isoliert. Die Mitschüler_innen mögen sie wegen der Hautfarbe nicht. Sie spielen nur mit ihr, wenn sie Süßigkeiten mitbringt, sonst steht sie allein da. Die Lehrkörper wissen, dass sie nicht in die Klasse integriert ist, suchen aber nicht das Gespräch zu den ausgrenzenden Kindern.

Rassismen im Alltag erkennen

Die wiederkehrende Erfahrung, aufgrund von Vorurteilen und rassistischen Denkmustern herabgewürdigt zu werden, kann bei Kindern und Jugendlichen zu einer Belastung mit großer Tragweite werden. Um das zu verhindern, ist es wichtig für Eltern zu wissen, welches Verhalten im Alltag als rassistisch zu verstehen und damit verletzend für unsere Kinder ist. Jeder kennt aus seiner Kindheit noch Worte, die einem Bauchschmerzen bereitet haben. Vielleicht begleitet Sie dieser Schmerz noch bis heute? Mit großer Selbstverständlichkeit werden auch heute noch rassistische Sprüche und Beschimpfungen von gedankenlosen Menschen benutzt. Zu erkennen ist diese Form der Herabwürdigung immer daran, dass das Verhalten aufgrund äußerer Merkmale (Hautfarbe, Haarfarbe) oder kultureller Merkmale wie Kleidung und Sprache stattfindet. Dies geschieht vor dem Hintergrund, dass die Abstammung, Religion oder Herkunft für diese Menschen ein Maßstab für Geringschätzung oder negative Zuschreibungen ist. Diese Herabwürdigung kann ein ›nett gemeinter Witz‹ oder eine Beschimpfung sein. Es kann aber auch der Ausschluss aus einem Spiel bis hin zu offener Gewalt sein. Institutioneller Rassismus kann über ungleiche Strukturen wie Verfahrensweisen, Gesetze oder (selbstverständlich) defizitäre Vorannahmen bei Fachkräften spürbar sein. Kulturalisierung, d.h. pauschale Wahrnehmung / Interpretation kindlichen Verhaltens nur entlang der Zugehörigkeit zu einer Kultur, ist ebenso rassistisch.

Rassismus zu erkennen, heißt, Verallgemeinerungen und Sprüche vor ihrem gedanklichen Hintergrund zu verstehen. Es erfordert zu überlegen: »Was für Eigenschaften werden mir hier unterstellt? Ist das akzeptabel? Werde ich pauschal anders oder gar schlechter be-

Was ist Rassismus?

Rassismus stellt eine soziale Praxis der Unterscheidung dar, die bestimmten Menschen gegenüber eine Abwertung, Ungleichbehandlung und Benachteiligung rechtfertigt. Sie ist immer kombiniert mit Machtverhältnissen, da die machtvolle Gruppe die »Anderen« definiert. Rassismus kann in vielen Formen auftreten: im Bildungssystem, als institutionelle Diskriminierung durch Behörden, in der medialen Berichterstattung oder als alltägliche Entwürdigung durch Einzelpersonen. Der heutige Rassismus bezieht sich verstärkt auf eine rassistische Einteilung von Menschen und Gruppen nach Kriterien wie *Kultur, Herkunft oder Religion*, weniger auf die biologisch begründete Wertigkeit von »Rassen«. Die kulturellen, sozialen oder religiösen Unterschiede werden dabei als »naturgegeben« gedacht und so nehmen diese Kategorien leicht den Platz von »Rasse« ein. (Mediendienst Integration)

handelt wegen meiner Herkunft, der zugeschriebenen Kultur oder der nicht-christlichen Religionszugehörigkeit?«

Der biologisch begründete Rassismus argumentiert mit einer angeblichen biologisch bzw. genetisch verankerten hierarchischen Ordnung. Bis heute verehrte europäische Denker (z.B. Immanuel Kant) erfanden im 18. Jahrhundert Rassentheorien, die die Versklavung, Enteignung und Ermordung Schwarzer und indigener Menschen in der Kolonialzeit legitimieren sollten. Der moderne Rassismus, der hier thematisiert wird, bezieht sich auf abwertende Einschätzungen, zugeschriebene Eigenschaften und ablehnende oder ausgrenzende Verhaltensweisen, die sich auf die Kultur, Herkunft oder Religion einer bestimmten Gruppe von Menschen beziehen. Diese werden durch rassistische Vorurteile und Klischees (die im Wesentlichen auf Fehlinformationen beruhen) legitimiert und begründet. Ich meine damit anti-schwarzen, anti-semitischen, anti-muslimischen und anti-asiatischen Rassismus ebenso wie Rassismus gegen Sinti und Roma.

Ob beabsichtigt oder nicht: solche rassistische Ablehnungserfahrungen verletzen die Seele eines Kindes. Das Gefühl, mit (negativen) Eigenschaften belegt zu werden, die es als nicht zugehörig und/oder minderwertig hinstellen, verletzt es bis ins Innerste, denn Menschen allgemein und Kinder insbesondere haben ein grundlegendes menschliches Bedürfnis nach Zugehörigkeit und Akzeptanz. Um der Ausgrenzungserfahrung entgegenzuwirken, ist die Präsenz der Eltern/Familie hier doppelt nötig. Ohne soziale Unterstützung kann dem Kind ein weiteres Leid hinzugefügt werden, nämlich das Gefühl: »Ich bin mit meinem Schmerz allein.«

Ein Beispiel aus meinem Bekanntenkreis: Ein afrodeutscher Junge, 4 Jahre alt, wird von den anderen Kindergartenkindern im Spiel täglich über Stunden ausgeschlossen, ohne dass die Erzieher_innen reagieren. Sie wollen nicht mit »dem« spielen, weil er »anders« aussieht (gemeint ist seine Hautfarbe). Seine Erzieher_innen nehmen das Verhalten wahr, legitimieren es aber mit der Aussage, er sei eben neu in der Gruppe und das wäre am Anfang normal. So festigt sich schließlich dieses Verhalten der Kinder (mit der passiven Rückendeckung der Erzieher_innen). Der Junge leidet sehr darunter und will zum Schluss gar nicht mehr in den Kindergarten gehen.

Die Hintergründe für solche ausgrenzende Situationen sollten von den Eltern immer hinterfragt werden. Auch ob das, was die Erzieher_innen/Lehrer_innen erzählen, wirklich stimmt. Fehlt es an sozialer Unterstützung durch die Eltern oder der Möglichkeit, das Erlebte zu erzählen, wird es wahrscheinlicher, dass das Kind bzw. der Jugendliche das Gefühl von Minderwertigkeit und Ohnmacht verinnerlicht. Diese Gefühle machen eine erfolgreiche Verarbeitung des Erlebten noch unwahrscheinlicher. Sie wirken sich – wenn keine Form der Unterstützung da ist – negativ auf das Wohlbefinden, Gesundheit und das Selbstwertgefühl des Kindes aus. Innere Botschaften wie ›Ich bin weniger wert‹, ›Ich bin dumm, hässlich, habe kein Talent‹, ›Ich werde es nie weit bringen, weil ich Schwarz bin‹ oder Gefühle wie ›Ich habe Angst, erneut als Einzige_r abgewertet zu werden‹ führen zu Gefühlen der Ohnmacht und Rückzugsverhalten. All das ist verständlich, aber vermeidbar. Es ist wichtig zu verstehen: Wohlbefinden mit sich selbst und Abwesenheit dieser negativen Botschaften gehören zu den Grundvoraussetzungen für die bestmögliche Entwicklung seines Potenzials und hängen eng mit der späteren Beziehungsfähigkeit und Selbstakzeptanz des Kindes zusammen. Sie sind für eine gesunde Persönlichkeitsentwicklung maßgeblich und sollten von den Eltern geschützt werden. Als Elternteil sollte man daher nicht den Fehler machen, sich als ›zu beschützend‹

oder ›überempfindlich‹ zu sehen oder kategorisieren zu lassen: ein Mindestmaß an respektvollem Miteinander sollte im Alltag oder in den Bildungseinrichtungen nicht zu viel verlangt sein.

Rassistische Diskriminierung:
Die verletzende Kraft von Worten und
die sogenannte ›Empfindlichkeit‹

Studien aus der Race-Related-Stress-Forschung (USA) und der interkulturellen Pädagogik und Psychologie (USA und Kanada) der letzten drei Jahrzehnte haben ergeben, dass rassistische Diskriminierung starken Stress auslösen kann. Zahlreiche psychische und physische Auswirkungen und Verhaltensänderungen konnten damit in Verbindung gebracht werden. Es ist eine signifikante Form emotionaler Gewalt, die den Einzelnen und soziale Gruppen entmenschlicht. Der Übersichtsartikel von Jones und Lewis-Trotter (2004) hat folgende Auswirkungen als Studienergebnis zusammengefasst:

► Stimmungsveränderungen (wie höhere Level von Wut, Selbstabscheu und Angst)
► verschiedene Ängste (z.B. vor Stereotypisierung, dass Fehlverhalten auf ›kulturelle Unfähigkeit‹ bezogen wird,
► Verdrängungssymptome (ähnlich wie bei posttraumatischen Stressreaktionen)
► psychische Marginalisierung durch fehlende Akzeptanz
► Limitierung oder selbstwahrgenommene Zuordnung von geringerem sozialen Status aufgrund der Herkunft
► Kulturelles Misstrauen gegenüber Mitgliedern der Mehrheitsgesellschaft bis hin zu Paranoia und geringem Selbstbewusstsein (Tendenz zur Interpretation von Situationen als rassistisch, Ablehnung interethnischer Beziehungen)

- ► Gefühl der Machtlosigkeit und erlernte Hilflosigkeit
- ► Depression, suizidale Gedanken
- ► geringere Lebensqualität
- ► Drogenmissbrauch, Bluthochdruck.

Vor diesem Hintergrund wird deutlich: Rechtfertigungen von rassistischen Denkweisen und Antworten wie »Stell dich nicht so an« oder »Das war doch nicht so gemeint« von Lehrer_innen, Erzieher_innen oder Eltern sind keine adäquaten Wege, darauf zu reagieren. Sprache drückt Machtverhältnisse aus. Auch unbeabsichtigte rassistische Äußerungen sollten mit dem Wissen über seine Folgen auf das Selbstwertgefühl des Kindes ernst genommen werden. In Alltagssituationen kommen rassistische Verallgemeinerungen und Stereotype (ob positiv oder negativ) immer wieder vor. Sie treffen das Kind in seiner ganzen Existenz, weil sie darauf abzielen, es in seiner Wertigkeit als Mensch herabzusetzen oder ihm eine Schablone aufzusetzen, die selten zu ihm passt. Dies kann bewusst oder gedankenlos stattfinden. Dennoch treffen sie immer. Darum sollte eine Beschimpfung als »N-Wort«, »Kanake« oder »Muslimschlampe« generell nicht hingenommen werden. Neben Beschimpfungen in der Schule, durch Mitschüler_innen, die einen z. B. als »schwarze Kacke« bezeichnen (so erlebt von einem 8-jährigen afrodeutschen Mädchen aus meinem Umfeld), oder positiv rassistischen Sprüchen wie »Du hast Rhythmus im Blut« sind auch alltägliche Verhaltensweisen verletzend, die auf rassistischen Vorurteilen basieren. Wie zum Beispiel die Erfahrungen, beim Einkauf nicht bedient zu werden, nicht in die Diskothek gelassen zu werden oder in der Klasse ausgegrenzt zu werden. Diskriminierend sind auch Herabwürdigungen der eigenen Herkunft / Kultur oder Religion durch ein soziales Umfeld, das noch in rassistischen

Verallgemeinerungen (Klischees) von >den Türken<, >den Juden<, >den Schwarzen< oder >den Muslimen< denkt und entsprechend lebt. Solch ein Umfeld kann das Alltagsleben einer ganzen Generation zu einer Tortur machen – vor allem, wenn es die eigenen Lehrer_innen, Nachbar_innen oder Erzieher_innen sind, die dieses Umfeld bilden. So wird Diskriminierung zu einem wiederkehrenden Erlebnis, das von innen her schmerzt, denn diese Vorurteile reduzieren die Persönlichkeit des_der Betroffenen auf zugeschriebene Merkmale (wie z.B. dumm, kriminell, potent, wild, nicht ernst zu nehmen…) und machen sie_ihn im schlimmsten Fall zu einem >Untermenschen<, dem seine Würde genommen wird.[2] Dass diese Zuschreibungen als >biologisch gegeben< angesehen werden, macht es umso schwieriger, sich davon frei zu machen. Es soll ja angeblich >in einem drin< stecken. Dieser Schmerz muss ernst- und wahrgenommen werden, sonst bleibt eine verletzte Seele zurück. Genau hier setzt mein Plädoyer an, sich als Eltern nicht damit abzufinden, das eigene Kind hier nicht alleine zu lassen, sondern sich bewusst zu machen, dass es hier unbedingte Unterstützung von Zuhause braucht, um nicht in Traurigkeit und mit Ohnmachtsgefühlen zurückzubleiben.

Die Wichtigkeit sozialer Beziehungen, Wohlbefinden und einem guten Selbstwertgefühl

Der Mensch ist ein soziales Wesen. Unsere Person, unsere Gewissheit, wer wir sind, entsteht und formt sich in der Beziehung zu einem Gegenüber (der Mutter, dem Vater, der Familie später dem sozialen Umfeld). In einer sozia-

---

2   Übersicht wissenschaftlicher Erkenntnisse zu emotionalen Belastungen in: Madubuko, (2021a) S.81 ff.; Alvarez/ Liang/Nellville (2016); Jones/Lewis -Trotter (2004).

len Beziehung zu anderen Menschen zu stehen, ist sogar überlebenswichtig – vom Babyalter an. Entwicklungspsychologisch gesehen sind Beziehungen Schlüsselelemente. Familientherapeuten wie Schwing und Fryszer betonen, dass Botschaften wie: »Ich bin nicht allein, ich werde gesehen, mein Gegenüber versteht mich und findet wichtig was ich sage« Beziehungen aufrecht halten und für ein psychisches Gleichgewicht sorgen. Insgesamt helfen unterstützende soziale Beziehungen, Krisen besser zu überstehen:

> »Menschen mit einem tragfähigen sozialen Netzwerk, mit Unterstützung durch die Familie und Freunde bewältigen Scheidungen besser und haben insgesamt ein geringeres Erkrankungsrisiko.«
> Rainer Schwing/Andreas Fryszer (2013, S. 21)

Wohlbefinden und Selbstwertgefühl sind Grundbedürfnisse eines jeden Kindes und jungen Erwachsenen und wichtig für seine erfolgreiche Entwicklung. Um sich mit sich wohl zu fühlen und ein gutes Selbstwertgefühl zu erlangen, ist vor allem die Erfahrung von Akzeptanz durch die Eltern, die Familie und das soziale Umfeld notwendig, da sie auf *alle* gesammelten Erfahrungen des Kindes aufbaut.

Frühe grundlegende Akzeptanzerfahrung und das Gefühl, ein wertvoller und geliebter Mensch zu sein, sind sehr wichtig für ein gesundes Selbstwertgefühl. Mit zunehmendem Alter hingegen wird es wichtiger, darüber sprechen zu können, wo man Akzeptanz erlebt oder aber subtiler Rassismus stattgefunden hat. Darüber sprechen zu können, was man erlebt hat, nimmt also im Jugendalter einen größeren Stellenwert ein. Finde ich die richtigen Worte für meine Erlebnisse? Treffe ich auf Verständnis? Kann ich mich mitteilen? Habe ich das Recht, die Worte und Räume, darüber zu sprechen? Das alles sind Themen des Jugendalters.[3]

---

3   Mehr zu altersspezifischem Umgang mit Rassismus in Apraku, Josephine (2021): Wie erkläre ich Kindern Rassismus?

Die Möglichkeit, auf ein offenes Ohr zu treffen oder Zuflucht in Schutzräumen (Freunde, Gemeinschaften) zu finden, helfen zudem Kindern und Jugendlichen, von erlebten Beschimpfungen emotionalen Abstand zu gewinnen und diese besser zu verarbeiten.

Diese Rolle von Zuwendung und sozialer Akzeptanz bei der Entwicklung eines guten Selbstwertgefühles, die ich in meiner Studie (*Akkulturationsstress von Migranten*) herausgearbeitet habe, wird auch durch die Erkenntnisse der Kinderpsychologie bestätigt. Renommierte Kinderpsychologen wie Remo Largo (2000) betonen, dass Menschen jeden Alters auf Anerkennung von Kindesbeinen an angewiesen sind. Ob man >mit sich im Reinen< ist, hängt wesentlich davon ab, ob man sich von seinen Mitmenschen angenommen fühlt und ob man mit den eigenen Leistungen sich selbst und anderen genügen kann. Largos Fokus liegt auf dem Selbstwertgefühl sowie dem körperlichen und psychischen Wohlbefinden, weil beides Grundvorrausetzungen für eine bestmögliche Entwicklung des Kindes sind.

> »Wohlbefinden und Selbstwertgefühl bestimmt unser Verhalten – und oft, wie erfolgreich wir sind. Vermindertes Wohlbefinden und Selbstwertgefühl schwächen unsere Beziehungsfähigkeit. Die Mitmenschen spüren unsere Verunsicherung, und wir werden sozial weniger aktiv. Leistungs- und Durchsetzungsvermögen werden durch die innere Unsicherheit herabgesetzt.« (Largo, 2000, S. 233)

Das Wohlbefinden ist, laut Largo, situationsabhängig und abhängig von der Stimmung, in der man sich befindet. Das Selbstwertgefühl ist Ausdruck vergangener Erfahrungen, sowohl positiver wie negativer. Im Selbstwertgefühl eines Menschen schlägt sich sozusagen dessen Lebensgeschichte nieder. Je größer die positive Akzeptanz und Übereinstimmung mit der Umwelt war, desto stabiler ist es.

Selbstwertgefühl

▸ Das Selbstwertgefühl ist entscheidend für die künftige Beziehungsfähigkeit des Kindes.

▸ Bei einem intakten Selbstwertgefühl fühlt sich das Kind angenommen.

▸ Mit einem schwachen Selbstwertgefühl hingegen kann das Kind eigenes Wissen und eigene Fähigkeiten nur ungenügend einsetzen, da es sich schlecht fühlt.

▸ Leistungs- und Durchsetzungsvermögen werden durch die innere Unsicherheit herabgesetzt.

▸ Emotionale Verunsicherung bedeutet schließlich immer Stress, der zu psychosomatischen Beschwerden wie Kopfschmerzen führen kann.

Grundsätzlich kann das Selbstwertgefühl natürlich auch unter widrigen Umständen intakt bleiben oder unter vorteilhaften Bedingungen schlecht sein. Dies hängt letztlich von der individuellen Ausprägung der Zuwendung, sozialer Anerkennung, Geborgenheit und Entwicklung/Leistung sowie vom Bindungsverhalten des Kindes ab. Selbst unter Geschwistern können die Unterschiede groß sein. So kann die jüngere Tochter einen großen Freundeskreis haben, der ihr wichtig ist, und sich stark an den Meinungen der Freunde und Freundinnen orientieren, während der ältere Sohn viel Raum für sich allein sucht, wenige enge Freundschaften pflegt und mehr Nähe und Schutz zu Hause sucht als seine jüngere Schwester.

Komponenten von Wohlbefinden und gutem Selbstwertgefühl beim Kind

Der wichtigste Faktor für eine gesunde psychische Entwicklung ist die Familie und eine sichere Bindung zu ihr. Wassilios Fthenakis, Professor für Entwicklungspsychologie, verbindet die Erfahrung von Liebe und Wertschätzung bei Kindern direkt mit ihrer Widerstandsfähigkeit, d. h. mit ihren Möglichkeiten, mit Problemen umzugehen und diese zu lösen.

> »Kinder, die keine sichere Bindung zu ihren Eltern aufbauen konnten, haben es schwer. Wenn sie nur wenig Anerkennung und Wertschätzung erfahren, beeinträchtigt das ihr Selbstwertgefühl. Das hält sie wiederum davon ab, Verantwortung zu übernehmen und Konflikte zu bewältigen«.[4]

Neben Wertschätzung und Liebe sind folgende Komponenten wichtig, die das Wohlbefinden und das Selbstwertgefühl eines Kindes beeinflussen[5]: Geborgenheit, Zuwendung, soziale Anerkennung, Entwicklung und Leistung.

Elterliche Geborgenheit

Geborgenheit ist das Gefühl, sich aufgehoben zu fühlen. Die Sicherheit des Kindes zu wissen: Wenn ich Hilfe und Schutz brauche, erhalte ich diese auch. Nicht nur im Babyalter auch im Kindes- und Jugendalter kommt dem Gefühl, aufgehoben zu sein, eine große Bedeutung zu. Gerade diese Sicherheit, nicht allein mit Problemen umgehen zu müssen, setzt elterlichen Beistand und Liebe voraus.

Sich Zeit nehmen: Zuwendung und soziale Anerkennung

Soziale Anerkennung und das Gefühl, den an sich gestellten Anforderungen gerecht zu werden, sind wichtige Einflussgrößen für das Wohlbefinden und das Selbstwertgefühl eines Kindes. Daher ist es wichtig, dem Kind Wertschätzung entgegenzubringen und es unvoreingenommen als Person zu akzeptieren. So wird Anerkennung für das Kind erlebbar. Sorgen Sie also dafür, dass Sie, aber auch andere wohlgeson-

---

4   Fthenakis (2015).
5   Der folgende Abschnitt bezieht sich auf das FIT Konzept von Remo Largo in seinem Buch *Kinderjahre*, Largo (2000).

nene Personen sich Zeit für das Kind nehmen, damit es diese wichtige Erfahrung machen kann.

Je älter das Kind wird, desto stärker versucht es dann, diese Erfahrung durch eigenes Verhalten hervorzurufen. Ob durch gute Schulnoten, ausgeprägtes Sozialverhalten oder z. B. sportliche Leistung: Kinder und Jugendliche suchen immer wieder Wege, soziale Anerkennung zu erlangen und sich eine positive Stellung in der Gruppe/Klasse zu erarbeiten. Mit diesem Wissen im Hinterkopf sollten Eltern dafür Sorge tragen, dass in den sozialen Räumen, in denen sich ihr Kind bewegt, besonders auf Akzeptanz geachtet wird und diese entsprechend sensibel auswählen.

Wertschätzung von Entwicklung und Leistung

Der Entwicklungsstand eines Kindes sowie die (fehlende) Würdigung seiner Leistungen und Fähigkeiten prägen ebenfalls das Selbstwertgefühl eines Kindes. Diskriminierungen im schulischen Umfeld, wie Nicht-Anerkennung bzw. Herabwürdigung von Schulleistungen, die gegenüber Kindern mit ›Migrationshintergrund‹ leider an der Tagesordnung sind und seit Jahren in den Berichten der Antidiskriminierungsstelle des Bundes angeprangert werden, bedeuten vor diesem Hintergrund einen Angriff auf das Selbstwertgefühl des Kindes.

Das Selbstwertgefühl schützen – Was bedeutet das für uns Eltern?

Kinder und Jugendliche brauchen, um sich nach außen hin wehrhaft zu fühlen, eine sichere Bindung zu ihren Eltern. Sie brauchen das Gefühl von Geborgenheit und Wertschätzung und wollen akzeptiert und geliebt werden, so wie sie sind. Es ist also wichtig, die Kinder nach ihren Problemen zu fragen und ihnen regelmäßig die eigene Zuneigung und Wertschätzung zu zeigen. Sie als Eltern können ihre Kinder gezielt durch den Zugang zu Vorbildern stärken und Sichtbarkeit über Spiele, Bücher, Filme etc. mit Held_innen mit ähnlichen biografischen Merkmalen herstellen. Sie können bewusst identitätsstärkende Impulse (Wissen zu ihrer Herkunft, Religion) setzen, als Gegenbeispiele zu dem, was ihnen in der Werbung, der Kita oder Schule gezeigt wird, und so ihr Zugehörigkeitsgefühl stärken. Darüber hinaus sind Eltern als die primären Bezugspersonen besonders gefordert, keinerlei Herabwürdigung des Kindes oder seiner Leistung hinzunehmen und gegebenenfalls stellvertretend für sie dagegen vorzugehen. Aktive Gegenwehr durch klärende Gespräche mit den Handelnden, Einzelgespräche mit Lehrer_innen oder der Schulleitung sind zwar oft unangenehme, aber notwendige Schritte, um das Selbstwertgefühl des Kindes zu schützen (mehr dazu siehe: »Individuelle Strategien«).

Der Rechtsanspruch, diskriminierungsfrei aufzuwachsen

Haben Kinder und Jugendliche mit Migrationsgeschichte ein Recht, in Deutschland diskriminierungsfrei zu leben? Muss man als Eltern ohnmächtig zusehen, wie die eigenen Kinder unter rassistischen Sprüchen und Vorurteilen leiden?

In Gesprächen mit einer senegalesischen Mutter, deren 4-jähriger afrodeutscher Sohn regelmäßig im Kindergarten wegen seiner Hautfarbe von den anderen Kindern vom Spiel ausgeschlossen wurde, stellte sie diese für mich nachhaltige Frage: »Ich weiß nicht, bin ich zu beschützend? Ich möchte, dass mein Sohn im Kindergarten nicht ausgegrenzt wird, und die Erzieherinnen möchten nicht zugeben, dass das stattfindet.«

Genau das ist die Realität für viele von uns. Als Eltern von Kindern und Jugendlichen mit Migrationsgeschichte möchte man, dass das Kind in deutschen Kitas und Bildungsinstitutionen dieselben Teilhabechancen erhält und keiner Benachteiligung, Herabwürdigung oder Voreingenommenheit wegen seiner Herkunft, seiner Kultur oder Religion ausgesetzt ist. Gleichzeitig stellt man sein eigenes Handeln infrage und zweifelt an sich. Dies kommt in der Frage: »Bin ich zu beschützend?« zum Ausdruck. Doch anstatt an sich zu zweifeln, sollte man lieber einen Blick auf die Rechtslage zu Antidiskriminierung in Deutschland werfen. Es ist nämlich geltendes Recht, dass Ungleichbehandlung aufgrund der Herkunft, Religion und sogenannten ›Rasse‹ verboten ist. Deutschland hat sich als Staat dazu verpflichtet, dieses Recht zu gewährleisten und Verstöße dagegen zu bekämpfen. Die Rechtslage zu Antidiskriminierung ist vor allem geregelt durch[6]

- ▸ das Grundgesetz;
- ▸ die Europäische Menschenrechts-Konvention / Charta der Grundrechte der EU;
- ▸ die Antirassismus-Konvention der UN;
- ▸ die UN-Kinderrechtskonvention;
- ▸ das Allgemeine Gleichstellungsgesetz, kurz AGG (seit 2006).

Das deutsche Grundgesetz

Seit 1949 enthält das deutsche Grundgesetz in Artikel 3 – neben dem allgemeinen Gleichheitssatz und dem Grundsatz der Gleichberechtigung von Frauen und Männern – in Absatz 3 spezielle Diskriminierungsverbote. Danach darf

---

6   Eine ausführliche Darstellung der Rechtslage ist nachzulesen bei Klose/Liebscher (2015), Antidiskriminierungspolitik in der deutschen Einwanderungsgesellschaft.

niemand »wegen seines Geschlechtes, seiner Abstammung, seiner Rasse, seiner Sprache, seiner Heimat und Herkunft, seines Glaubens, seiner religiösen oder politischen Anschauungen benachteiligt oder bevorzugt werden«. Dieses verfassungsrechtliche Diskriminierungsverbot gilt für alle Träger staatlicher Gewalt.

Antirassismus-Kommission des Europarates

Mit Artikel 21 der Charta der Grundrechte der Europäischen Union wird das »Benachteiligungsverbot« des deutschen Grundgesetzes in Artikel 3 Absatz 3 zu einem umfassenden Diskriminierungsverbot. Die Antirassismus-Kommission des Europarates (ECRI) überprüft Deutschlands Umgang mit Minderheiten: Deutschland hat sich mit der Unterzeichnung des 12. Protokolls zur Europäischen Menschenrechts-Konvention verpflichtet, Diskriminierung abzubauen und zu verhindern. Außerdem ist der Staat laut Menschenrechts-Konvention der EU verpflichtet, das Verbot von Diskriminierung auf die Grundrechte eines jeden Bürgers zu erweitern. Dies steht noch aus.

Antirassismus-Konvention der Vereinten Nationen

1969 trat Deutschland dem »Internationalen Übereinkommen zur Beseitigung jeder Form von Rassendiskriminierung«, der ersten völkerrechtlich bindenden Erklärung gegen Diskriminierung, bei.

Dort heißt es in Artikel 2, Absatz 1a

> »Die Vertragsstaaten verurteilen die Rassendiskriminierung und verpflichten sich, mit allen geeigneten Mitteln unverzüglich eine Politik der Beseitigung der Rassendiskriminierung in jeder Form und der Förderung des Verständnisses unter Rassen zu verfolgen; zu diesem Zweck verpflichtet sich jeder Vertragsstaat, Handlungen oder Praktiken der Rassendiskriminierung gegenüber Personen, Personengruppen oder Einrichtungen zu unterlassen und dafür zu

sorgen, dass alle staatlichen und örtlichen Behörden und öffentlichen Einrichtungen im Einklang mit dieser Verpflichtung handeln. «

Diese Konvention gilt seit über 40 Jahren in Deutschland und wird alle vier Jahre mit einem Bericht an den *UN-Ausschuss für die Beseitigung der Rassendiskriminierung* (CERD) dokumentiert und von diesem geprüft. CERD wiederum verfasst Berichte, in denen konkrete Empfehlungen für Staaten, in denen es »besorgniserregende Entwicklungen« gibt, formuliert werden. Individualbeschwerden aus Deutschland können seit 2001 auch direkt an den Ausschuss gerichtet werden. Eine erste Rüge wegen Vertragsverletzung erfolgte 2013, als das CERD feststellte, dass der Strafantrag des *Türkischen Bundes in Berlin-Brandenburg* (TBB) wegen Volksverhetzung gegen Thilo Sarrazin von Seiten der Berliner Staatsanwaltschaft 2009 nicht hätte eingestellt werden dürfen. Die Thesen von Thilo Sarrazin verstießen eindeutig gegen die UN-Antirassismus-Konvention, an die Deutschland gebunden ist.

Kinderrechtskonvention

Die UN-Kinderrechtskonvention von 1990 umfasst auch eine Nichtdiskriminierungsklausel, der sich Deutschland mit seiner Ratifizierung verpflichtet hat. Kein Kind oder Jugendlicher soll wegen seiner Sprache, seiner Religion oder seinen kulturellen Werten benachteiligt werden[7]. Sie gehört zu den üblichen Bestandteilen internationaler Übereinkommen

---

7   Umsetzung der Grundrechte der Kinder: Allen Kindern ihr Recht auf Gleichberechtigung und Nicht-Diskriminierung zu ermöglichen, ist verbrieft in Artikel 2 der UN Kinderrechtskonvention: »Alle Kinder und Jugendlichen haben die gleichen Rechte. Kein Kind darf wegen seiner Sprache oder seiner Religion benachteiligt werden.« Online unter: http//www.national-coalition.de/pdf/UN-Kinderrechtskonvention.pdf.

zum Schutz der Menschenrechte. In der UN-Kinderrechts-konvention heißt es im Wortlaut:

> »Die Vertragsstaaten achten die in diesem Übereinkommen fest-gelegten Rechte und gewährleisten sie jedem ihrer Hoheitsgewalt unterstehenden Kind ohne jede Diskriminierung unabhängig von Rasse, der Hautfarbe, dem Geschlecht, der Sprache, der Religion, der politischen oder sonstigen Anschauung, der nationalen ethnischen oder sozialen Herkunft, des Vermögens, einer Behinderung, der Geburt oder sonstigen Status des Kindes, seiner Eltern oder seines Vormunds.«

Auch dem Kind ein Recht auf Bildung zu ermöglichen und auf die Würde des Kindes zu achten, wurde darin beschlossen. Diese Ziele sollten in einem staatlichen Aktionsplan umgesetzt werden, welcher unter der Führung des Familienministeriums in ersten Schritten stattfand. Im Bericht der Vereinten Nationen vom Februar 2014 zur Umsetzung dieses Planes in Deutschland heißt es:

> »Das Komitee begrüßt die Antidiskriminierungsansätze des Staates, vor allem diese mit dem Ziel eine Kultur der Verständigung und Toleranz aufzubauen. Dennoch bleibt Anlass zur Sorge in Bezug auf Kinder mit Behinderung und Kinder mit Migrationshintergrund, die nach wie vor von Diskriminierung in Bildung und Gesundheit betroffen sind.« (Bericht des Committee on the rights of Child vom 25.2.2014, Pos. 24 und 25)

Allgemeines Gleichbehandlungsgesetz (AGG)

Seit August 2006 wurden mit dem Allgemeinen Gleich-behandlungsgesetz vier europäische Antidiskriminierungs-richtlinien in Deutschland gesetzlich umgesetzt. Teil der Umsetzung war auch die Einrichtung der Antidiskriminie-rungsstelle des Bundes, welche seitdem zu Diskriminierung forscht und Berichte zu verschiedenen Diskriminierungs-themen verfasst. Ebenso wie die bereits unterzeichneten Konventionen der Vereinten Nationen und der Europäischen

Union wird im AGG die Ungleichbehandlung im Arbeitsleben und Zivilrecht verboten. Dort heißt es laut Paragraf 1:

> »Ziel des Gesetzes ist, Benachteiligungen aus Gründen der Rasse oder wegen der ethnischen Herkunft, des Geschlechts, der Religion oder Weltanschauung, einer Behinderung, des Alters oder der sexuellen Identität zu verhindern oder zu beseitigen.«

Das AGG gewährleistet aber keinen Rechtsschutz gegenüber dem Staat oder öffentlichen Einrichtungen. Dazu Vera Egenberger, Geschäftsführerin des Büros zur Umsetzung von Gleichbehandlung e. V. (BUG):

> »Das AGG selbst ist der rechtliche Rahmen, der sanktioniert, wenn Menschen aufgrund ihrer ethnischen Zugehörigkeit, ihrer Religion, ihres Geschlechtes, des Alters einer Behinderung oder ihrer sexuellen Orientierung schlechter behandelt werden als andere. Dies greift im Beschäftigungsbereich, beim Zugang zu Waren und Dienstleistung inklusive Wohnraum, dem Sozialschutz und auch im Bereich der Bildung. Dort erfasst das AGG aber nur die private Bildung. In öffentlichen Schulen darf immer noch ungestraft diskriminiert werden.«[8]

Aufgrund dieser (vielleicht bewussten) Eingrenzung können Betroffene, die Diskriminierungen an öffentlichen Schulen erleben, nicht auf das AGG zurückgreifen und ihr Recht fordern. Den Eltern bleibt nur der Weg zum Lehrkörper, Schulleiter_in oder Schulamt. Eine Gesetzeslücke mit weitreichenden Folgen für die betroffenen Schüler_innen und ihre Eltern. Diskriminierungen von Schüler_innen mit Migrationshintergrund lassen sich nur in wenigen Fällen beweisen, dennoch weisen zahlreiche Studien darauf hin, dass sie stattfinden.

Eine unabhängige Beratungs- und Beschwerdestelle für Diskriminierung im Bildungsbereich fehlt völlig, wird je-

---

8   Interview MIGAZIN (2011) http://www.migazin.de/2011/08/18/agg-in-oeffentlichen-schulen-darf-immer-noch-ungestraft-diskriminiert-werden/.

doch von der Antidiskriminierungsstelle des Bundes, Gewerkschaften, Schüler- und Elternverbänden und zivilen Menschenrechtsorganisationen gefordert. Parallel zum AGG fehlen zudem Gesetze, die auf Landesebene eindeutig rassistische Diskriminierung im Wortlaut verbieten.[9]

Selbstbewusst gegensteuern

Die Rechtslage zu Antidiskriminierung ist eindeutig. Diskriminierungen sind in Deutschland verboten und die Aufgabe des deutschen Staates besteht darin, Diskriminierung dort abzubauen, wo sie stattfindet. All das bedeutet: Sie haben jedes Recht, auf Diskriminierung hinzuweisen und einzufordern, dass diese abzustellen ist. Es ist keine >Überempfindlichkeit<, sondern es steht Ihnen zu. Auch Othering (zum Anderen gemacht werden), Kulturalisierung und Exotisierung sind nicht akzeptabel. Zum zweiten hat Ihr Kind ein Recht auf Gleichbehandlung und muss Benachteiligung (egal von wem) nicht hinnehmen. Seien Sie in dieser Sache selbstbewusst und stehen Sie für Ihre Rechte ein.

Die Realität des Diskriminierungsschutzes ist eher bedrückend. Studien belegen, dass Diskriminierung vonseiten der Bildungsträger, dem pädagogischen Personal und allgemein im Alltag stattfinden. Sie wird häufig ignoriert oder heruntergespielt. Dieses Herunterspielen, und die Weigerung, sich damit auseinanderzusetzen, wird dann zur Grundlage weiterer Diskriminierungen und Verletzungen. Es entsteht eine

---

9 Berliner Beratungsstellen gegen Rassismus und andere Diskriminierungen versuchen mit einem Antrag zur Bildung eines Landesantidiskriminierungsgesetzes (17.11.15) dies zu ändern. Mitunterzeichner sind u. a. Antidiskriminierungsnetzwerk Berlin des Türkischen Bundes in Berlin-Brandenburg (ADNB des TBB), Antidiskriminierungsberatung Alter oder Behinderung der Landesvereinigung Selbsthilfe Berlin e. V., Berliner Netzwerk gegen Diskriminierung in Schule und Kita (BeNeDisk) und Migrationsrat Berlin-Brandenburg (MRBB).

Atmosphäre, in der Rassismus als >norma< geduldet wird. Die Eltern müssen folglich entsprechend ihren Möglichkeiten einspringen. Denn wenn sich die Eltern nicht für die Belange ihrer Kinder und deren Recht auf Gleichbehandlung einsetzen, sind diese nicht ausreichend geschützt, sondern den selektiven und zum Teil diskriminierenden Strukturen ausgeliefert.

Zurück zu der Geschichte der senegalesischen Mutter: Eltern wie sie handeln nicht »zu beschützend«, wenn sie sich gegen Diskriminierung ihrer Kinder einsetzen. Sie sorgen dafür, dass die Rechte ihres Kindes auf ein diskriminierungsfreies Umfeld auch umgesetzt werden.

Kitas und Schulen

Problem eines diskriminierenden Schulsystems und fehlender Kultursensibilität

In der Oberstufe: Ein muslimisches Mädchen (mit Kopftuch) erzählt der Leiterin ihrer Jugendgruppe, dass sie von ihrem Lehrer wegen ihres Kopftuches gemobbt wird. Sie erträgt es tagtäglich aus Angst um ihre Note und um das Abitur zu bestehen.

Rassismus im Schulunterricht: In der Biologiestunde berichtet der Lehrer über Studien, die besagen, »Afrikaner hätten kleinere Gehirne«, ohne sich davon zu distanzieren. Afrodeutsche Schüler_innen sind vor den Kopf gestoßen, haben aber keine Möglichkeit der Klarstellung gegenüber dem Lehrer.

Schule 5. Klasse: ein türkischer Junge ist gerade in der weiterführenden Schule angekommen. Von seinem Deutschlehrer bekommt er gesagt: »Als Türke hast du auf dem Gymnasium nichts zu suchen.«

Das deutsche Schulsystem wird seit Jahren für seinen hoch-selektiven Charakter und wegen fehlender Chancengleich-heit von der Europäischen Union (ECRI) und den Vereinten Nationen (CERD) kritisiert. Statistisch gesehen sind Kinder mit Migrationshintergrund in Deutschland überproporti-onal häufig in Förderschulen und Hauptschulen vertreten. Auf der Gegenseite sind diese Kinder und Jugendlichen in anerkannten Schulformen (Gymnasien) unterrepräsentiert. Eine einfache Erklärung für diese statistischen Tatsachen wäre: >Kinder mit Migrationsgeschichte sind schlicht düm-mer.< Doch das ist natürlich Unsinn. Vielmehr liegen die Gründe in der selektiven Struktur des deutschen Bildungs-systems[10], wie die Forschungsergebnisse der interkulturellen Pädagogik sowie die sozialwissenschaftlichen Forschungen zu institutioneller Diskriminierung in Deutschland be-legen. Ihnen zufolge bietet das aktuelle Bildungssystem einkommensschwachen Familien, Schüler_innen von Eltern mit niedrigerer Schulbildung oder Nicht-Muttersprachlern nicht dieselben Chancen wie Mittelschichtkindern von Eltern ohne Migrationshintergrund oder Muttersprachlern. Im Gymnasium beispielsweise werden hohe sprachliche An-sprüche gestellt und es wird erwartet, dass ein großer Anteil des Lernens zu Hause stattfindet. Finanziell gut gestellte Akademikerfamilien sind hier natürlich im Vorteil, da sie (als Bildungsinländer) den Kindern inhaltlich besser beim Ler-nen helfen und zudem Nachhilfestunden bezahlen können (was nicht ausschließt, dass diese eine Migrationsgeschichte haben können). Die ungleichen Chancen verstärken sich durch die teilweise vorhandene Voreingenommenheit von Lehrer_innen, die die schulische Laufbahn dieser Kinder bestimmen – ob in der Grundschule oder beim Übergang

---

10 Fereidooni 2011, Antidiskriminierungsstelle, 2013; EOTO Afro-zensus (2020); BMI Studie Muslimfeindlichkeit (2023)

in die weiterführenden Schulen – und die sich bei der Einschätzung von Fähigkeiten von stereotypen Zuschreibungen und Vorurteilen leiten lassen. An dieser Stelle möchte ich betonen, dass ich damit nicht behaupte, dass alle Lehrer_innen voreingenommen und diskriminierend handeln. Vielmehr gibt es zahlreiche Lehrer_innen, die sich für Chancengleichheit und die Förderung aller Schüler_innen einsetzen und ein respektvolles Miteinander vorleben. Hier sind solche Lehrer_innen und Erzieher_innen angesprochen, die sich noch ungenügend hinterfragt haben, welche Klischees ihre Einschätzungen bestimmen.

Belege dazu finden sich im Bericht der Antidiskriminierungsstelle des Bundes zur Situation von Kindern mit Migrationshintergrund im Bildungsbereich (2013). Dort heißt es u. a.:

► Schüler_innen mit Migrationshintergrund sind unzureichend vor Diskriminierung geschützt.

► Kinder mit Migrationshintergrund leiden unter Vorurteilen und sachlich ungerechtfertigten Zuschreibungen wie etwa niedrigerer Leistungsfähigkeit. Sie bekommen häufiger einen sonderpädagogischen Förderbedarf attestiert (2013:15).

► Ein türkischer Name oder die > niedrige soziale Herkunft < von Schüler_innen kann beim Lehrkörper dazu führen, dass Leistungen schlechter bewertet werden. Selbst bei gleicher Leistung neigen Lehrer_innen dazu, Kindern mit Migrationshintergrund seltener eine Gymnasialempfehlung auszusprechen (2013:15).

► Leistungen von Musliminnen mit Kopftuch werden in der Schule häufig unterschätzt (2013:16).

Schaut man zum Beispiel auf die Realität von Schwarzen und muslimischen Menschen sind Betroffenenbefragungen das hilfreichste Mittel. Der »Afrozensus« (2020), eine Befragung unter 6.000 afrikanischen und afrodiasporischen Menschen in Deutschland, legte das strukturelle Ausmaß an rassistischem Umgang in Bildungsinstitutionen frei: 96% der TN mit zwei Schwarzen Elternteilen erlebten in den letzten 2 Jahren dort Rassismus.(vgl. S.170). Schwarze, männliche Jugendliche werden durch gezielte Polizeikontrollen kriminalisiert. Ähnlich problematische Verhältnisse zeigt die BMI Studie des unabhängigen Expertenkreises zu »Muslimfeindlichkeit« (2023), in der in Politik, Medien, Alltag und in Bildungsinstituten Abwertung gegenüber Muslim_innen deutlich wird.

Rassistische Voreinstellungen können dabei auch durchaus aus positiven Zuschreibungen wie »Asiaten sind fleißig und können gut rechnen« bestehen. Ganz allgemein kann man sagen, dass die Herkunft, die Kultur und die Zugehörigkeit zu einer nicht-christlichen Religion die drei Hürden für eine positive Erwartungshaltung der Erziehungskräfte gegenüber den Kindern bilden. Interessant ist in diesem Zusammenhang die Studie von Mechthild Gomolla (2009), die Lehrer_innen auf die Finger geschaut hat, wie sie ihre Entscheidung für die Empfehlung hinsichtlich der weiterführende Schule treffen. Sie kommt zu dem Ergebnis, dass vermutete Sprachdefizite oder angebliche Motivationsmängel häufig als Gründe angeführt werden.

Doch dieses ausgrenzende Verhalten hat Folgen. Diskriminierungen sind im ganzheitlichen Sinne ernst zu nehmende Verletzungen. Als Herabwürdigungen und Zurückweisungen wirken sie sich auf die Lernmotivation, Lernleistungen und Gesundheit der Schüler_innen aus.

Der interkulturelle Pädagoge Toan Nguyen resümiert, dass »ein verwehrtes Anerkennungs- und Zugehörigkeitsgefühl die Gesundheit, das Wohlbefinden und die Lernleistungen von diskriminierten Schüler_innen erschüttert«[11]. Er beruft sich dabei auf eine Studie des *Netzwerkes gegen Diskriminierung von Muslimen* und des *Antidiskriminierungsnetzwerkes Berlin TBB*. Diese zeigt auf, dass Diskriminierung bei den Schüler_innen zu Frustration, Resignation, Verunsicherung und Distanzierung führt. In seiner eigenen qualitativen Studie zu schulischen Rassismuserfahrungen (Nguyen, 2014) gaben die befragten Jugendlichen zudem an, das Vertrauen in die Lehrer_innen, das Schulmaterial und die Schule selbst verloren zu haben. Sie brachen die Schule ab oder wechselten auf eine andere Schule. Einige erkrankten sogar aufgrund permanentem Mobbings in der Schule. Die Erfahrung, sich immer wieder in der Schule beweisen und mit rassistischer Ablehnung und Vorurteilen umgehen zu müssen, ist für die Kinder und Jugendlichen eine zusätzliche Belastung während der Identitätsfindung.

Welche Folgen rassistische Erfahrungen in der Kindheit für die Psyche und das tägliche Erleben haben, beschreibt Katherina, eine afrodeutsche Teilnehmerin meiner Studie *Akkulturationsstress von Migranten* (2010) sehr anschaulich. Den Leistungsanforderungen der Schule zu entsprechen und sich gleichzeitig gegen Vorurteile wehren zu müssen, sei »permanenter Stress«:

> »Dieses Nicht-Vertrauen in die eigene Leistung, die eigenen Fähigkeiten, die sind sehr früh in der schulischen Entwicklung gelegt worden. Man muss ja nicht nur lernen und dem Leistungsstand entsprechen, sondern man muss sich dann noch zusätzlich gegen Vorurteile wehren. Das heißt, zusätzlich wesentlich mehr Energie aufbringen als alle anderen. Eben mehr Energie, dass man unter Beweis stellen muss, dass man *doch* die Leistungen erreichen kann.

---

11 Dies deckt sich mit Erfahrungen der Kinderpsychologie, wonach emotionale Verunsicherung auch zu psychosomatischen Beschwerden führen kann (Largo 2000, 233).

Also Schule ist Stress, permanenter Stress.« (Katherina, afrodeutsche Pädagogin)

Im Weiteren stellt sie die Wichtigkeit der sozialen Unterstützung heraus, was sich mit den Aussagen der anderen Teilnehmer_innen der Studie deckt. Wenn man keine Unterstützung vom Elternhaus bekommt, ist es als junger Mensch schwer, mit diesen zum Teil massiven Diskriminierungen durch Lehrer_innen und Mitschüler_innen fertig zu werden. Ohne soziale Unterstützung kann ein junger Mensch unter Umständen an diesen Diskriminierungen verzweifeln.

Mangelhafte Sensibilität für Vielfalt

Laut einem Beschluss der Kultusministerkonferenz vom Dezember 2013 zu »Interkultureller Bildung und Erziehung in der Schule« sind die Schulen von staatlicher Seite gefordert, »pädagogische Handlungskonzepte für den Umgang mit Vielfalt zu entwickeln und umzusetzen« (2013:2). In den »Allgemeinen Grundsätzen« heißt es weiter: »Um alle Schüler zu fördern, bedarf es einer Schule der Vielfalt, die frei ist von offener und versteckter Diskriminierung und sich bewusst auf die soziale, kulturelle und sprachliche Heterogenität der Schülerschaft ausrichtet.« (2013:3)

Eine Studie des Sachverständigenrats für Migration zu »Segregation in Schulen« stellte aber demgegenüber fest, dass zwei Drittel aller Junglehrer_innen sich nicht ausreichend auf Vielfalt und Mehrsprachigkeit in Klassenzimmern vorbereitet fühlen.

Ansätze zu rassismuskritischer Pädagogik und Migrationspädagogik sind noch wenig verbreitet und bundesweit eher die Ausnahme an Kitas und Schulen. Die repräsentative Milieustudie der Vodafone-Stiftung »Große Vielfalt, weniger Chancen« (2015) über Erwartungen und Wünsche von Eltern mit Migrationshintergrund bestätigt diese große Kluft zwischen den Erwartungen der Eltern an interkulturelle Sensibilität und der Realität in den deutschen Bildungseinrichtungen. Die Eltern waren von der Realität an deutschen Schulen ernüchtert und stark enttäuscht. Über 80% der Eltern wünschten sich für ihre Kinder interkulturelle Kompetenz der Lehrkräfte und einen speziellen Deutschunterricht für Migrant_innen, fanden dies aber nur zu einem Drittel in der Schule ihres Kindes vor.

Emotionale Folgen bei Ausgrenzung und Rassismus in Schule und Kita

Werden Ausgrenzungen nicht im Gespräch mit dem pädagogischen Personal geklärt, was leider immer wieder passiert, leiden die betroffenen Kinder unter den wiederkehrenden Negativerfahrungen:

▸ Sie müssen Mehrarbeit und Überzeugungsarbeit leisten (als Gegenbeweis zu dem Vorurteil, weniger leistungsstark zu sein).

▸ Ihre Probleme werden bei rassistischen Sprüchen/Vorfällen nicht ernst genommen. Sie werden als ›überempfindliche Schüler_innen‹ abgetan.

▸ Schlimmstenfalls finden weiterhin Missachtungen und Ausgrenzungen statt.

Im Kindergartenbereich können sich die Kinder in der Regel noch nicht verbal verteidigen. Die Erfahrung zeigt, dass sie bei rassistischen Beschimpfungen vonseiten anderer Kinder oder Ausgrenzungen nach dem Motto: »Ich will nicht mit dir an einem Tisch sitzen« von ungeschulten Erzieher_innen oft als Mitschuldige hingestellt werden.

Was bedeuten diese Rahmenbedingungen für Eltern im Umgang mit der Schule?

Die wenig verbreitete kulturelle Sensibilität und die häufigen Diskriminierungen in Schulen und Kitas erfordern, dass Eltern von Kindern und Jugendlichen mit Migrationsgeschichte ein besonderes Augenmerk darauf richten, dass die Rechte ihrer Kinder geschützt werden. Konkret bedeutet das:

▸ genau zu beachten, ob der Notenspiegel des eigenen Kindes die Schulempfehlung widerspiegelt oder nicht
▸ bei Sprechtagen präsent zu sein und hellhörig zu werden, wenn Lehrer_innen verallgemeinernd über die Herkunftsgruppe / Religion der Familie sprechen und diese auf das Kind übertragen (in Bezug auf die ›Schwächen‹ des Kindes)
▸ zu sehen, ob fehlende muttersprachliche Kenntnisse die alleinige Begründung für die Empfehlung einer niedrigeren Schulform sind und somit überbewertet werden

Alternativen: Vorurteilsbewusste Erziehung in Kitas und Schulen

Vorurteile sind eingebunden ins tägliche soziale Miteinander. Sie gehören praktisch dazu. Wichtig ist, bewusst zu realisieren, wo sie dem Kind im Alltag begegnen.

Durch Vorurteile stellen wir Zugehörigkeiten fest, wobei diese eher auf Emotionen als auf Wissen und Erfahrungen basieren. Sie dienen zur sozialen Orientierung, generalisieren aber auf solche Weise, dass die vom Vorurteil betroffene Person ihre individuelle Persönlichkeit ›verliert‹ und nur noch unter dem Blickwinkel des Vorurteils wahrgenommen wird.

Die Folgen von Vorurteilen für Kinder:
▸ Kinder definieren, was ›schön‹, ›gut‹, ›angesehen‹ ist, an dem, was sie in ihrem Umfeld wahrnehmen.

- ▸ Vorurteile bilden sich bereits ab dem 2. Lebensjahr. Erste Bilder wie ein ›Junge‹ oder ›Mädchen‹ zu sein hat, wie ein Kind sich kleidet etc. verfestigen sich im sozialen Austausch (z. B. in der Kita), aber auch ›Hautfarbe‹ wird mit zunehmenden Alter stärker als Unterschied wahrgenommen und zu einer Kategorie verfestigt.
- ▸ Vorurteile verselbstständigen sich in den Köpfen und werden von den Kindern verinnerlicht, wenn sie unkommentiert bleiben.
- ▸ Für das Kind, das von Vorurteilen betroffen ist, stellt sich die Frage: ›Wie sortiere ich meine Erfahrungen ein?‹

Bei Kleinkindern unter 6 Jahren ist, abgesehen von Großstädten und Ballungszentren, in denen bis zu zwei Drittel der Kinder einen Migrationshintergrund haben, die weit verbreitete Vorstellung von ›Normalität‹ noch stark an einer weißen, christlichen Mittelschicht orientiert. Vorurteilsbelastete Erzieher_innen und deren vorherrschende Vorstellung von Normalität können zu Stolpersteinen für Kleinkinder mit Migrationsgeschichte werden. Kleinkinder spüren, ob ihre Eigenarten als ›fremd‹ oder ›anders‹ kommuniziert werden, ob ihre Sprache geschätzt oder gemieden wird und ob sie in Konflikten mit anderen Kindern gleich behandelt werden. Einen alternativen Weg geht der in mehreren deutschen Kitas umgesetzte Anti-Bias-Ansatz von Louise Derman-Sparks. Dieser setzt auf die bewusste Auseinandersetzung mit den Unterschieden der Kinder und auf eine deutliche Positionierung gegen Diskriminierung und Vorurteile. Er hat seinen Ursprung in der Schwarzen[12]

---

12 Schwarz wird im Weiteren immer groß geschrieben, um zu verdeutlichen, dass es sich nicht um eine adjektivische Zuschreibung einer Eigenschaft, sondern um eine politisch selbst gewählte Eigenbezeichnung handelt.

Bürgerrechtsbewegung der USA. Der Ansatz geht davon aus, dass Machtverhältnisse der Gesellschaft auch in der Kita (unbewusst) über institutionelle Strukturen und Personen weitergetragen werden. Er setzt daher bei den Vorbehalten und Verhaltensweisen der Erwachsenen (Erzieher_innen, Leiter_innen, Eltern, Träger, Vertreter_innen) an und fordert von ihnen eine Auseinandersetzung mit diesen Strukturen.

> »Je nachdem, welchen gesellschaftlichen Einfluss eine Person hat und wie weit sie sich bei ihrer Einflussnahme von ihren Vorurteilen leiten lässt, können solche Vorurteile Menschen privilegieren oder benachteiligen. Das heißt, sie bleiben keine ›private‹ Angelegenheit, ihre Auswirkungen gelangen in die öffentliche Sphäre, dahin, wo es um den Zugang zu Ressourcen und Beteiligungsmöglichkeiten von Menschen geht. Autoritätspersonen in öffentlicher Verantwortung und Menschen in Machtpositionen – hierzu gehören auch Erzieher_innen und Lehrer_innen – sollten sich mit vorurteilsbewusster Bildung und Erziehung befassen, damit sie sich dieser Reichweite ihres Handelns bewusst werden.« (www.situationsansatz.de/faq)

Für Deutschland wurde der US-amerikanische Ansatz unter dem Titel »Kinderwelten« als Projekt für deutsche Kitas übersetzt und zusammengefasst.[13] Die Fachstelle *Kinderwelten für vorurteilsbewusste Bildung und Erziehung* in Berlin vermittelt das Konzept an interessierte Kitas, stellt entsprechende Lehrmittel zur Verfügung und gibt Fortbildungen für Erzieher_innen[14]. Basis dieses Erziehungskonzeptes ist die vorurteilsbewusste Erziehung. Die Unterschiedlichkeit aller am Erziehungsprozess Beteiligten wird anerkannt und das Selbstwertgefühl und Wohlbefinden der Kinder auf diese Weise unterstützt. Auch für Eltern von Kindern mit Migrationsgeschichte ist dieser Fokus interessant, da der Ansatz gegenseitiger Wertschätzung für Unterschiedlichkeiten auch als Erziehungskonzept für zu Hause inspirierend sein kann.

---

13 Wagner, 2007.
14 www.situationsansatz.de; Anti-Bias-Netz (2015).

Die vier Ziele des Anti-Bias-Ansatzes sind:

► alle Kinder in ihren Identitäten zu stärken;
(Jedes Kind findet Anerkennung und Wertschätzung, als Individuum und als Mitglied der Gruppe.)

► allen Kindern Erfahrungen mit Vielfalt zu ermöglichen;
(Bewusst Erfahrungen mit Menschen machen, die anders aussehen oder sich anders verhalten als man selbst, sodass sie sich mit ihnen wohlfühlen und Empathie entwickeln.)

► kritisches Denken über Gerechtigkeit und Fairness anzuregen;
(Gespräche über Vorurteile, Einseitigkeiten anregen und eine Sprache darüber entwickeln.)

► aktiv gegen Unrecht und Diskriminierung zu werden.
(Kritisch denkende Kinder ermutigen, sich aktiv und gemeinsam mit anderen für Gerechtigkeit einzusetzen und sich gegen diskriminierende Verhaltensweisen zur Wehr zu setzen, die sich gegen sie selbst oder andere richten.)

Die Ziele des Anti-Bias-Konzeptes bauen aufeinander auf und setzen bei den Alltagserfahrungen der Kinder an. Sie verstehen sich als ›Linse‹, durch die Erfahrungen gemacht werden, und sind als langfristiger Prozess gedacht. In der Kita soll die Wertschätzung von Unterschieden vorgelebt werden: im Miteinander, in der Innenausstattung, beim gemeinsamen Spielen und in Büchern. Vielfalt soll erlebbar gemacht werden (z. B. durch Selbstdarstellungen in Bildern, gemeinsames Fladenbrotbacken, Zöpfeflechten oder das Kennenlernen hinduistischer Rituale). Im Dialog zeigen Erzieher_innen Interesse und vermitteln, dass abwertende Äußerungen der Kinder über andere verletzend sein können. Sie bieten den Kindern Hilfe dabei an, respektvolle Worte für ihre Beobachtungen und Gefühle zu finden. Neben »Kinderwelten« gibt es auch andere interkulturelle Kindergärten oder solche mit antirassistischem Ansatz.

Bewusste Wahl der Schule und Kita

Es gibt Schulen, die sich dem Thema Rassismus gezielt widmen. Ein Beispiel ist das bundesweite »Schule ohne Rassismus«-Projekt, in das Schulen aufgenommen werden, wenn sie schulintern das Thema diskutieren und ein gemeinsam aufgesetztes Konzept für eine antirassistische Praxis in der Schule verabschieden. Projektschulen, wie »Schule ohne Rassismus«, »Kinderwelten« oder diversitätssensible Kitas sind wertvolle Bestandteile beim Aufbau einer vorurteilsbewussten Bildung. Leider sind sie nicht flächendeckend in jeder Region vertreten. Es lohnt sich aber danach zu suchen. Eine Orientierung dazu findet sich im Anhang des Buches.

Täglich verbringen Kinder und Jugendliche mit Migrationsgeschichte in der Kindergruppe oder als Schüler_innen viele Stunden in Bildungseinrichtungen, in denen sie idealerweise ihren Bedürfnissen entsprechend betreut sein sollten. In den Schulen und Kitas wird mit vielfältigen Herkünften, Hautfarben, Religionen, Kulturen und Sprachen von Kindern und Jugendlichen sehr unterschiedlich umgegangen, die Sensibilität in Bezug auf diese Themen schwankt von Schule zu Schule enorm. Während in der einen Schule Lehrer_innen auf soziale Wertschätzung und respektvollen Umgang Wert legen und sich Zeit für Gegendarstellungen nehmen, wird es im Kollegium anderer Schulen vernachlässigt oder gemieden. In der Mehrheit herrscht ein zurückhaltendes oder rechtfertigendes Klima, in dem rassistische Äußerungen und Handlungen ihren Raum finden.

Fachtagungen zu Diversität in der Pädagogik sowie das Bildungs- und Förderungswerk der Gewerkschaft für Bildung (GEW) setzen sich seit Jahren mit dem Thema schulischer Diskriminierung auseinander. Pilotprojekte in Bildungseinrichtungen wie »Zweisprachige Erziehung an Berliner Grundschulen« (ZWERZ) oder die Expertise zu Interkulturalität der Kultusministerkonferenz als Steuerungselement von Bildungseinrichtungen der Länder sind Schritte in die richtige Richtung. Verbindliche Umsetzungsvorgaben für interkulturelle Lernprozesse, Umgang mit Mehrsprachigkeit oder in Hinblick auf die interkulturelle Kompetenzen der Lehrkräfte stehen noch aus.[15] Die Umsetzung in Schulcurricula und im Unterricht bleibt jeder einzelnen Schule überlassen.

---

15 Vgl. den Beschluss der Kultusministerkonferenz zu interkulturellen Bildung, 5.12.2013.

Diskriminierungsschutz durch die Eltern

Rassismus ist emotionale Gewalt gegen Ihre Kinder und schwächt deren Selbstwertgefühl nachhaltig. Zwar haben Kinder ein Recht auf Diskriminierungsschutz, aber es fehlt an Beschwerdestellen und Ansprechpartner_innen bei Diskriminierungen in Schulen und Kitas. Daher sind Sie gefordert, Ihren Kinder die nötige Hilfestellung zu geben:

▶ Akzeptieren Sie nicht das Herunterspielen von rassistischen Beschimpfungen durch Lehrer_innen oder Erzieher_innen.

Fordern Sie Feinfühligkeit im Hinblick auf das Wohlbefinden und das Selbstwertgefühl ihres Kindes ein.

▶ Überlassen Sie die Entscheidungshoheit, *ob* es sich um eine ›Verletzung‹ handelt, nicht den Lehrer_innen/Erzieher_innen.

▶ Seien Sie sensibel bei der Wahl der Schule und Kita. Hier sollten Sie auch auf das Konzept und die Einstellung der Erzieher_innen/Lehrer_innen achten.

▶ Entscheiden Sie sich ggf. für eine andere Schule/Kita, wenn Kinder mit Migrationsgeschichte offen als ›Problemkinder‹ hingestellt werden und keine wertschätzende Atmosphäre herrscht.

▶ Vermitteln Sie im Gespräch mit den Erzieher_innen/Lehrer_innen, dass eine wertschätzende Atmosphäre in der Unterschiedlichkeit ›normal‹ und Ihnen als Eltern wichtig ist und dass Sie wünschen, dass bei Beschimpfungen und Vorurteilen unter Kindern diese thematisiert und besprochen werden.

2
Empowerment –
Was ist damit gemeint?

> »›Empowered‹ bedeutet die Freiheit, als Selbst existieren zu können, ohne sich von außen herangetragenen Handlungszwängen und Kategorien zu beugen. Es bedeutet, ohne Kategorisierungen existieren zu können. Empowered bedeutet: Ich kann ich sein – egal was du von mir denkst. Es bedeutet Befreiung.« (Nissir-Shahnian (2013), S. 24)[16]

Empowerment kann als Gegendarstellung und Alternative zur andauernden Verletzung der Seele genutzt werden. Das Wort kommt aus dem Englischen: ›Power‹ bedeutet ›Kraft‹, ›Macht‹ oder ›Fähigkeit‹. Empowerment heißt übersetzt so viel wie Selbstermächtigung/Selbstbefähigung. Der historische Ursprung von Empowerment liegt in der Schwarzen Bürgerrechtsbewegung (Civil Rights Movement) der 60er Jahre. Die Forderung lautete damals »Empowerment of the Black Communities« und richtete sich gegen die herrschende Rassentrennungspolitik der USA. Die Wurzeln dieser Bewegung gehen bis zu den Unabhängigkeitskämpfen in den besetzten Kolonien zurück.[17] Der politische Begriff ›People of Color‹ hat seinen Ursprung genau in dieser Übereinstimmung, aufgrund äußerer Merkmale diskriminiert zu werden. Empowerment-Arbeit ist ein selbstverständlicher Gegenentwurf zu dieser Lebenssituation geworden.[18]

---

16 Dossier Empowerment (2013), S. 16-26.

17 Aus Gün Tan (2013): Ein etwas anderes Wort, Dossier Empowerment, S. 12.

18 Mehr dazu unter Kapitel 5 »Äußerer Schutzraum – Erfahrungen der jugendlichen Sinti und Roma«.

Wesentliches Element der Empowerment-Arbeit ist, sich von Fremdbestimmung, d. h. von Vorurteilen in den Köpfen der anderen, zu befreien. Stereotype Vorstellungen darüber, wie jemand, der einer bestimmten Kultur, sozialen Gruppe oder Religion angehört, sein soll, reduzieren einen Menschen und engen ihn auf dieses Bild ein. Dies beeinflusst sein Verhalten und seine Selbsteinschätzung. Distanz zu diesen Stereotypen im eigenen Umfeld aufzubauen, ist ein erster Schritt. Der zweite Schritt besteht darin, das eigene Selbst jenseits dieser Projektionen zu finden (über Erfahrungen in geschützten Räumen, Gespräche, Selbstdefinitionen). Offene, wertschätzende Erziehung und Wissen über die eigene Herkunft / Religion spielen nun eine noch größere Rolle, um sich gegenüber Stereotypisierung abzugrenzen. Man lernt, einen Blick dafür zu entwickeln, wo Projektionen stattfinden, durchleuchtet sie und korrigiert sie durch eigene Bilder und Inhalte. Ganz automatisch stärkt das die eigene Identität und es entsteht der Raum, in dem man so sein kann, wie man ist.

Doch Vorsicht: Empowerment bedeutet nicht, dass man >unverletzbar< wird. Der Empowerment-Ansatz bietet uns aber Handlungsmöglichkeiten und stärkt uns im Umgang mit Rassismus und kann nicht durch weiße Lehrkräfte, Erzieher_innen oder andere Fachkräfte der Mehrheitsgesellschaft durchgeführt werden.

Das hier vorgestellte Empowerment-Konzept (im Sinne eines Safer Space) ist für Eltern mit eigenen Rassismuserfahrungen und/oder biografischem Zugang zu Rassismus über ihre Kinder.

Für Fachkräfte (Pädagogik, Schulsozialarbeit, Erzieher_innen) ist Empowerment-Orientierung der richtige Weg. Diesen Ansatz habe ich ausführlich in meinem Praxishandbuch (Madubuko, 2021a), dem Fachbuch zu Empowerment-Orientierung mit Experten_innenwissen zu Safer Spaces vorgestellt.

Die Kunst, Rassismus zu verarbeiten

In meiner Akzeptanzstudie *Akkulturationsstress von Migranten* (2010) untersuchte ich, wann erwachsene Migrant_innen Rassismuserfahrungen als stresshaft erlebten und mit welchen Strategien sie versuchten, diese zu verarbeiten. Interessant war zu sehen, wie einige Migrant_innen trotz starker Rassismuserfahrungen in ihrer Biografie ihre Erlebnisse so erfolgreich verarbeiten konnten, dass für sie kein Stressempfinden zurückblieb (sogenannter Typus ›Verarbeitungskünstler‹). Diese Gruppe zeichnet sich durch ihre spezifische Art, Rassismus aus der Distanz wahrzunehmen und sich selbst schützend mit einem differenzierten Blick auf das Phänomen umzugehen, aus. Sie wehren sich aktiv verbal und waren bundesweit damit erfolgreich. Dieser Gruppe war außerdem gemein, dass sie als Kinder und Jugendliche von ihrem familiären Umfeld auf mögliche rassistische Anspielungen und Vorurteile vorbereitet worden waren und in dieser Hinsicht Akzeptanz und soziale Unterstützung erfahren durften. Daher standen ihnen Strategien zur Verfügung, um in herabwürdigenden Situationen einen respektvolleren Umgang einzufordern. Auffallende Übereinstimmung gab es in dieser Gruppe auch hinsichtlich der enormen Bedeutung der Eltern: als Informationsquelle in Bezug auf die ›zweite‹ Herkunft, als Rückhalt sowie als Strategiengeber. Sie hatten ein empworderndes Zuhause und ein soziales Umfeld, in dem sie Akzeptanz von klein auf erlebt hatten. Aber auch eine Community im Sinne einer Herkunftsgemeinschaft kann solch ein soziales Umfeld bilden. Diese Menschen hatten eine Art von ›Schutzschild‹, das sie innerlich und äußerlich schützte.

Die Bausteine, die ihnen zu diesem Schutzschild verhalfen – die Strategien, die Grundeinstellung zu sich selbst und ihrer Kultur – hatten sie mehrheitlich über ihre Eltern und ihre Community vermittelt bekommen. Das Ergebnis dieser Studie bildet die Basis für das im Folgenden vorgestellte Empowerment-Konzept.

Das Empowerment Konzept

Wesentliches Element des Empowerment-Prozesses ist, sich von den Vorurteilen in den Köpfen der anderen zu befreien, die eigenen Stärken wahrzunehmen, Rassismuserfahrungen mit kritischer Distanz zu sehen und nicht zu verinnerlichen. Als Gegenerfahrung braucht das Kind vorurteilssensible Schutz-Räume (im sozialen Umfeld), in denen das Kind als Mensch akzeptiert ist und diskriminierende Äußerungen oder Ausgrenzung nicht geduldet werden. Diese Erfahrung macht es stärker gegenüber möglichen Verletzungen im Alltag. Als Gegendarstellung benötigt es identitätsstiftende Inhalte und Antworten auf Fragen wie »Wo komme ich her?«

Der konkrete Umgang mit Rassismus in der Situation sollte altersspezifisch, situationsspezifisch und individuell entschieden werden.

Empowerndes Handeln zu Hause

Die Zeit, die man den Kindern widmet, bereichert diese auch im Hinblick auf ihr Selbstverständnis und ihre Widerstandskraft. Bei jüngeren Kindern (3-10 Jahren) ist das über das gemeinsame Spiel, spezielle kultursensible Bücher oder die ›Normalität‹ von Gemeinsamkeit mit Gleichgesinnten (Community-Treffen, Jugendgruppen, religiöse Feste ...) erlebbar. Das jüngere Kind lebt seine Herkunft/Sprache/Religion über Bücher, Musik, Filme, Besuche, Sprache aus. Es erlebte die dazugehörige Gemeinschaft als etwas Positives. Idealerweise finden offene Gespräche über erste Fragen wie »Wer bin ich?«, und »Wo gehöre ich hin?« in der Familie statt. Die im Umfeld gestellten Fragen wie »Wo kommst du her?«, »Warum ist deine Haut so dunkel?« oder »Warum trägt deine Mama ein Kopftuch?« beginnen bereits im Kindergarten und müssen in der Schule ab dem 1. Schuljahr noch zwingender beantwortet werden.

Wertschätzende Räume

Alltagsrassismus ist emotionaler Stress. Die emotionale Verunsicherung des Kindes verstärkt sich umso mehr, wenn es kein Gegenüber hat, mit dem es darüber sprechen kann. Das Gefühl von Wertschätzung und Akzeptanz, als individueller Mensch in einem geschützten Raum zu sein; unter Gleichgesinnten, die die eigenen Erfahrungen verstehen, weil sie sie teilen; Ansprechpartner zu finden für die brennenden Fragen und inneren Konflikte: das alles sind wichtige Elemente des Empowerments.

Hilfe bei der Identitätssuche

Wenn es darum geht, Identitätsfragen und Fragen über die eigene Zugehörigkeit zu beantworten, kann sich das Kind in den Augen der anderen sehen. Wenn es sich jedoch nicht widerspiegeln kann und spürt, dass es nicht richtig dazugehört, wird es umso wichtiger, Räume zu finden oder zu schaffen, in denen es genau das kann.

Und die Identitätssuche wird Kindern und Jugendlichen mit Migrationsgeschichte oder nicht-christlicher Religion nicht leicht gemacht, weil sie sich nämlich nur selten spiegeln können. Sie finden in den gängigen Medien und im öffentlichen Raum nur wenige positive Vorbilder zur Orientierung, und das Gefühl »Das ist jemand wie ich« kommt nur selten auf. Stattdessen reproduziert der Mainstream im TV-Programm wie auch im öffentlichen Leben noch immer weitgehend ein überholtes Bild von der ›deutschen Bevölkerung‹, das im Wesentlichen von einer weißen, christlich-geprägten deutschstämmigen Mittelschicht dominiert ist und die ›paar Migrant_innen‹ auf Klischees reduziert. Dementsprechend werden ihnen bestimmten Rollen zugeordnet. So darf in der Daily Soap der nette Schwarze Nachbar einen Musiker spielen, aber sicher nicht den Rechtsanwalt, und natürlich wird er politisch verfolgt. In Kindergeschichten, Jugendsendungen und deutschen Spielfilmen sieht es ähnlich aus. Es fehlen (im Verhältnis zum realen Bevölkerungsanteil) Geschichten von Kindern, die unseren optisch ähnlich sehen, bzw. generell Geschichten, die Lebenswelten von Familien mit Migrationsgeschichte positiv und klischeefrei erzählen.

Befinden sich Jugendliche auf der Suche nach einer deutschen (Teil-)Identität, treffen sie meist auf festgefahrene Vorstellungen vom Deutsch-Sein, in die viele Jugendliche mit z. B. afrikanischer, arabischer oder asiatischer Migrationsgeschichte sowie Jugendliche nicht-christlicher Religionen nicht hineinpassen. Sie suchen nach Vorbildern, die sie in der deutschen Öffentlichkeit – wenn überhaupt – nur am Rande finden. Stattdessen werden Menschen mit ihrer Herkunft oder Religion als wandelnde Klischees dargestellt, als Abziehbilder. Und diese Bilder entfalten Wirkungsmacht, zementieren die Vorurteile.

Unsere Kinder treffen immer wieder einmal auf vorurteilbehaftete Kinder, Erzieher_innen, Lehrer_innen und Mitschüler_innen und müssen diesen durch ihr Verhalten etwas entgegensetzen. Die Fähigkeit, sich zu behaupten, wird zur Notwendigkeit. Das ist Empowerment: eine identitätsstiftende Gegendarstellung und die innere Sicherheit, dass man so, wie man ist, ›richtig‹ ist. Es bedeutet für jedes Kind, ob jüdisch, muslimisch, afrodeutsch oder Sinti / Roma, etwas inhaltlich anderes, aber das Prinzip ist das gleiche. Bei Empowerment geht es darum, identitätsstiftende Unterstützung zu geben, die als ›Gegenpol‹ zu und ›Schutzschild‹ vor der in Teilen ablehnenden, vorurteilsbehafteten oder auch offen rassistischen Außenwelt wirkt.

Eine wichtige Rolle spielen dabei auch Vorbilder, mit denen sich das Kind/Jugendliche selbst positiv identifizieren kann. Das kann z. B. ein muslimischer Comic-Held, ein afroamerikanischer Basketball-Star oder eine Popsängerin mit Sinti/Roma-Herkunft sein. Junge Menschen suchen Identifikationsfiguren. Für afrodeutsche Mädchen sind dies z. B. Schwarze Models, die sie in Modemagazinen aus Afrika oder dem frankophonen Raum finden. Diese bieten Vorbilder und zudem wichtige Tipps, wie man als Schwarzes Mädchen schön sein kann.

Ein anderes Beispiel sind Medien aus arabischen Ländern, in denen Frauen selbstbewusst Kopftuch tragen und diese Kopftuch mit positiven Attributen verknüpft ist.

Bezug zum Herkunftsland oder zur Religion

Ein Bezug zum Herkunftsland/zur Religion der Eltern ermöglicht es den Kindern und Jugendlichen, Gegenargumente zu haben. Diese können sie den erlebten Vorurteilen im Alltag immer wieder entgegensetzen. Das erleichtert den Kindern und Jugendlichen unter Umständen später, trotz einzelner Ablehnungserfahrungen, ein positives Selbstwertgefühl als Deutsche_r mit Migrationsgeschichte zu entwickeln (mehr dazu unter »Empowerment« und »Innerer Schutzraum«).

Wer mit der Landessprache und Kultur seiner zweiten Herkunft vertraut ist oder in einer Diaspora/Gemeinschaft[19] aufwächst, hat einen klaren Vorteil. Mit diesem Bewusstsein, dem Bezug zur (zweiten) Herkunft/Religion und den sozialen Kontakten sind die Kinder und Jugendlichen in der

---

19 In Deutschland lebende Menschen derselben Herkunft/Religion.

Lage, Vorurteile durch eigene Erfahrungen zu widerlegen. Sie wissen, dass die Vorurteile über sie nicht wahr sind. Eltern sind die Wegbereiter dazu, indem sie über ihre Herkunfts- und Familiengeschichte erzählen, mit ihnen ihre Sprache sprechen und Bezüge zur Herkunftskultur vermitteln.

Mein Rat an Sie ist daher: Falls sie ihre Herkunftssprache sprechen, bringen Sie diese bewusst ihren Kindern bei und sprechen Sie sie auch im Alltag. Alle Inhalte, die dem Kind zeigen, woher es kommt, bilden einen Mehrwert gegenüber deren Umwelt.

Beispiel für ein empowerndes Zuhause (anhand einer afrodeutschen Familie)

An der Wand hängen Fotos der afrikanischen Familie, die Kinder haben Bücher mit afrodeutschen Held_innen, es gibt gemeinsame Aktivitäten mit anderen afrodeutschen Familien/Kindern (z. B. kochen, spielen). Von zu Hause kennen die Kinder die Bedeutung ihrer afrikanischen Namen und haben eine Vorstellung von dem afrikanischen Herkunftsland ihrer Eltern, welches über gängige Schablonen hinausgeht.

Für den Fall, dass es zu abwertenden Sprüchen in Bezug auf die Hautfarbe oder die Haare kommt, wissen sich die Kinder mit Sätzen wie »Andere versuchen ins Solarium zu gehen, ich habe ganz von allein schöne braune Haut« oder »Viele schöne Frauen sind Schwarz« zu wehren.

Kritisches Denken

Es braucht einen kritischen Blick, um Vorurteile und Klischees als solche wahrzunehmen und sich davon aktiv durch Worte und Handlungen zu distanzieren. Und erst wenn man das geschafft hat, kann man sich als Mensch ohne äußerlich

›angehängte‹ Eigenschaften sehen. Es braucht Mut, auf die Wirkungsweise von Vorurteilen/Rassismus zu schauen, um zu erkennen, was stellvertretend für eine Gruppe auf eine Person/Kind projiziert wird. Es kostet Kraft, sich von diesen falschen Schablonen frei zu machen, sich selbst zu definieren und dafür eine eigene Sprache zu entwickeln. Dieser Prozess ist aber wichtig, um ein Selbstverständnis und eine Persönlichkeit zu entwickeln, die nicht auf gesammelten Ablehnungserfahrungen ›aufbaut‹, sondern primär auf dem Wissen über die eigenen Fähigkeiten und der Erfahrung von Wertschätzung. Baue ich mein Selbstverständnis auf gesammelte Ablehnungs- und Ausgrenzungserfahrungen auf, leidet mein Selbstwertempfinden. Kritisches Denken ist die Alternative dazu und ein Weg, um weniger verletzt zu werden.

Kritisches Denken bedeutet, sich mit den Geschehnissen auseinanderzusetzen, die Hintergründe zu hinterfragen und sich selbst eine Meinung dazu zu bilden.[20] Ich hinterfrage das, was in den Medien, in der Schule, auf der Straße gesagt wird, und finde heraus, woher diese Meinung kommt und was sie beeinflusst hat. Danach bilde ich mir meine *eigene* Meinung dazu und positioniere mich dementsprechend. Diese Meinung muss nicht mit dem übereinstimmen, was das Umfeld als ›wahr‹ kommuniziert. Die innere Stärke, die Kinder im Prozess des Empowerment gewinnen, befähigt sie jedoch, ihre womöglich abweichende Meinung auch gegen eventuelle Widerstände zu vertreten. Dass sie in diesem Prozess zu Hause Rückhalt erfahren, ist immens wichtig.

Beispiel für kritisches Denken

Ihr muslimisches Kind erzählt, dass es in der Schule immer wieder hört, Muslime seien gefährlich, weil sie andere, die

---

20 bell hooks (2010).

nicht an Allah glauben, hassen und bekämpfen würden. Außerdem werde es als Mädchen mit Kopftuch gehänselt und ihr würde unterstellt, sie sei unterwürfig und weniger klug als die anderen. Sie führen als Eltern ein Gespräch und erklären dem Kind, woher diese Vorurteile kommen. Sie erklären, dass es in der Welt Islamisten gibt, die gegen sogenannte Ungläubige sind, und es Anschläge gab, bei denen viele Menschen, auch Muslime, gestorben sind. Diese Anschläge würden das Bild, das sich viele nicht-muslimische Menschen von Muslimen machen, beeinflussen, und da es einfach auf alle Muslime übertragen würde, würde es halt auch auf sie zurückfallen, obwohl sie selbst nichts damit zu tun habe.

Wissen über Vorurteile und Rassismus vermitteln

Die Vermittlung von Wissen geschieht nie wertungsfrei und sollte in Bezug auf das Thema Rassismus optimalerweise in drei Schritten erfolgen:

1. Vermitteln Sie ein Grundwissen über Rassismus und erklären Sie ihren Kindern in einfachen Worten dessen gesellschaftliche Funktion. Sammeln Sie für Alltagssituationen Begründungen, was rassistische Hintergründe von Worten sind. Wissen dazu finden Sie im Literaturteil unter Arndt / Ofuatey-Al-Lazard (2011) und OEGG (2013). Welche Rechte Sie als Eltern gegenüber Schule haben, schauen sie genauer unter (Böhm, 2019) nach. Idealerweise geschieht dies über Gespräche und bei jüngeren Kindern und Jugendlichen über vorurteilsbewusste Literatur und Geschichten, in denen Probleme angegangen und bewältigt werden (mehr zum Thema finden Sie im Kapitel »Innerer Schutzraum«).

2. Helfen Sie ihren Kindern, eine emotionale Distanz zu den herrschenden Rassismen zu entwickeln. Zeigen Sie ihnen,

dass rassistische Vorurteile falsche und verzerrte Informationen sind, und verhelfen Sie ihnen zu der Erkenntnis: »Das hat mit mir als Person nichts zu tun.« Dieses Wissen versetzt sie in die Lage, sich selbst unabhängig von diesen Vorurteilen zu definieren.

3. Vermitteln Sie eine klare Widerstandshaltung gegen Diskriminierung auf der Basis eines humanistischen Verständnisses von der Gleichwertigkeit jedes Menschen. Bringen Sie ihr Kind mit anderen Menschen zusammen, die diese Haltung vorleben, z. B. in der Community, vorurteilsbewussten Räumen oder ihrem gut gewählten Freundeskreis.

Das Phänomen Rassismus erklären
(Beispiel für Schulkinder ab 6 Jahre)

Es ist sehr wichtig, den Kindern altersspezifisches Wissen über Rassismus beizubringen. Das bedeutet, eine Sprache zu wählen, die Kinder verstehen, und eine komplexe Herrschaftsstruktur wie Rassismus (siehe den Infokasten: »Was ist Rassismus?«) auf das Verständnisniveau des Kindes herunterzubrechen. Das führt zwar zu (ggf. starken) Vereinfachungen, doch es geht in diesem Alter ja auch erst einmal darum, die persönlichen Erlebnisse des Kindes in einen größeren Zusammenhang zu stellen und ihm so zu vermitteln, dass es sich bei den rassistischen Sprüchen / Bezeichnungen um Projektionen handelt.

Konkret könnte das so lauten:

»Rassismus sind Behauptungen darüber, wie Menschen (wie du und ich) angeblich sein sollen. Sie sind nicht wahr. Sie haben mit deiner Person, unserer Religion, dem Land, aus dem wir stammen, nichts zu tun. Diese Menschen, kennen dich oder uns nicht wirklich. Fühl dich davon nicht angesprochen, sondern verstehe, dass diese Menschen keine Ahnung davon haben, was sie erzählen. Und ganz sicher sind sie nichts Besseres als du.«

Aber welche Worte Sie auch wählen, ganz wichtig ist es, dass Sie darauf achten, ihren Kindern keine Angst zu machen und nicht zu stark zu verallgemeinern (z. B. mit Sätzen wie: »Alle Deutschen sind Rassisten«). Im Vordergrund sollte immer die Stärkung des Selbst stehen.

Je nach Alter und Persönlichkeit kann es auch sinnvoll sein, eine Fragetechnik anzuwenden:

»Stimmen diese Behauptungen denn für dich?«

»Was macht das Vorurteil mit dir/deiner Gruppe?«

»Ist es in Ordnung, dass so etwas über dich/andere behauptet wird?«

»Du bist nicht weniger wert, sondern hast ein Recht auf Gleichbehandlung. Was wollen wir das nächste Mal sagen?«

Auf diese Art und Weise lernt das Kind, rassistische Vorurteile als Projektionen zu erkennen und sich davon abzugrenzen. Es lernt: »Das bin nicht ich« und erfasst zumindest in Ansätzen die Denkweise von Über- und Unterlegenheit im Rassismus.[21]

Überforderung bei Kleinkindern vermeiden

Für Kleinkinder sind diese Aussagen zu kompliziert, es würde sie überfordern, zu verstehen, was rassistische Vorurteile sind. Für sie ist es besser, wenn Sie ihnen – mit Hilfe von interkulturell sensiblen Bücher, der Präsenz der zweiten Herkunft/Religion durch Fotos, persönliche Kontakte und gemeinsa-

---

21 Für hilfreiches rassismuskritisches Wissen und Beispiele für Gespräche siehe Madubuko, 2021b: S. 93ff und Apraku, 2021)

mes Erleben – helfen, ihr Selbstkonzept zu entwickeln und positiv zu besetzen. Darüber hinaus brauchen Kleinkinder umso mehr achtsame Eltern, die auf ein vorurteilsensibles Umfeld achten, Übertretungen sehen und ihnen nachgehen. Sehr schade ist auch zu sehen, wie kleinere Kinder ihre Offenheit verlieren, weil ihnen beigebracht wird, Ablehnung zu erwarten. Die angeborene kindliche Offenheit zu schützen, ist im Zweifelsfall dem Versuch, es »vorzubereiten« vorzuziehen.

Distanz zu Rassismus vermitteln

Haben die Kinder erste Schritte gemacht und erkennen, wenn sie von Lehrer_innen, anderen Kindern oder beim Bäcker in eine Ecke gestellt werden oder über sie hergezogen wird, ist es im zweiten Schritt wichtig, eine sich widersetzende Haltung zu entwickeln. Von Ihnen, den Eltern, können sie lernen, darauf zu achten, wo Sprüche oder versteckte Vorurteile in Worten oder Handlungen stecken (ohne darauf täglich zu warten) und sich Ihnen anzuvertrauen. Nun stellen sich Fragen wie: »Lasse ich es auf mir sitzen?« »Wie gehe ich damit um?«

Meine Studie hat gezeigt, dass es wenig Sinn macht, rassistische Äußerungen ›über sich ergehen‹ zu lassen, denn es schmerzt weiterhin, die Verletzung ist ja nicht überwunden. Sich taub zu stellen oder die Verletzung zu ignorieren, birgt die Gefahr, dass die unterdrückte Wut und der Schmerz verinnerlicht werden, bis man glaubt, man müsste den Schmerz ertragen. Manche Menschen zerbrechen daran. Mein Vorschlag lautet daher: Bringen Sie ihrem Kind von Anfang an bei, sich den Fremdzuschreibungen (Vorurteilen) zu widersetzen, sich bewusst nicht mit dem Gesagten zu identifizieren. Tun Sie dies ebenfalls und leben Sie es dem Kind vor. Das Schlüsselwort ist ›emotionale Distanz‹.

Beispiel für die Vermittlung emotionaler Distanz
(ab 6 Jahre)

Um gegenüber rassistischen Äußerungen und Handlungen eine emotionale Distanz entwickeln zu können, benötigt ihr Kind ein starkes Selbstbewusstsein. Das können Sie stärken, indem sie sich schützend an seine Seite stellen und es in seiner Art positiv bestärken. Das könnte zum Beispiel so klingen:

> »Das sind falsche Meinungen von einigen Menschen, aber du musst es dir nicht gefallen lassen, wenn sie herablassend zu dir sind. Sag' mir einfach Bescheid, wenn so etwas vorkommt und – wenn du möchtest – helfe ich dir, dich zu wehren. Und denk immer daran: du bist völlig okay, so wie du bist. Sie meinen dich nicht persönlich, sondern plappern nur dumme Sprüche von anderen nach. Du darfst dir das nicht zu Herzen nehmen.«

Zudem ist es hilfreich, z. B. durch das Erzählen von Familiengeschichten, einen Bezug zu ihrem Herkunftsland/ihrer Religion herzustellen, ihnen ein positives Bild davon zu vermitteln und sie stolz darauf zu machen. Diese Grundeinstellung (Ich bin Schwarz/Muslim etc. – »das ist okay und ich kann stolz darauf sein«) ermöglicht es den Kindern und Jugendlichen, den im Alltag erlebten Vorurteilen mit der nötigen Distanz zu begegnen, liefert ein Gegenbild und damit auch Gegenargumente, die in konkreten rassistisch aufgeladenen Situationen immer wieder eingesetzt werden können. So gelingt es den Jugendlichen – wie meine Studie gezeigt hat –, zu »Verarbeitungskünstlern« zu werden und trotz einzelner Ablehnungserfahrungen ein positives Selbstwertgefühl als Deutsche_r mit Migrationsgeschichte zu entwickeln (mehr dazu unter »Empowerment« und »Innerer Schutzraum«).

Aktive Gegenwehr

Die Wut, die bei vielen Kindern aufgrund rassistischer Erlebnisse entsteht, sollte in aktive gewaltlose Gegenwehr umgewandelt und nicht heruntergeschluckt werden. Je nach Altersgruppe variieren die Möglichkeiten hierfür sehr stark. Bei jüngeren Kindern ist z. B. das, was Toan Nguyen, interkultureller Pädagoge aus Berlin, als »Widerstandskapital«[22] beschreibt, noch nicht so ausgeprägt: ein Set an Fähigkeiten und Wissen, um Diskriminierung und Unterdrückung zu entgehen. Dazu zählen z. B.: Selbstliebe, Mut, Ironie oder gelebte Glaubenssätze, Haltungen der Gerechtigkeit und Gleichwürdigkeit. Die Möglichkeiten für jüngere Kinder sich in der Situation zu wehren, kann das pure Kontern sein (»Es kann nicht jeder Silke heißen.« oder »Ich habe schöne Locken und du hast doofe Spaghetti-Haare.«)

Älteren Kindern stehen hingegen mehr Möglichkeiten offen. Sie können dem rassistisch Verletzenden den Spiegel vorhalten oder mit Ironie auf ihn reagieren (»Klar können alle Schwarzen Menschen gut singen und tanzen – das sieht man ja an mir!«). Ältere Kinder können entscheiden, Fragen zu ihrer Herkunft nicht zu beantworten, wenn sie es nicht möchten, oder mit einer Gegenfrage zu antworten (»Woher kommen denn Ihre Großeltern?«). Darauf reagieren die befragten Erwachsenen oft perplex, verstehen aber vielleicht, dass sie nicht unbedingt ein Recht auf diese Antwort haben.

Ältere Kinder und Jugendliche können für sich zudem die Chance nutzen, von rassistischen Bezeichnungen Abstand zu nehmen, indem sie eine eigene Sprache entwickeln und eine Selbstbezeichnung wählen (»Ich bin Afrodeutscher, deutsche Muslimin ... «).

---

22 In Bezugnahme auf das Community Cultural Wealth Konzept von Yosso / Solorzano.

Dieses Widerstandsvermögen ist idealerweise verbunden mit einem Sinn für soziale Gerechtigkeit und der Forderung nach respektvollem Umgang für alle. Konkret kann das bedeuten, sich als Schüler_in dafür einzusetzen, dass diskriminierende Äußerungen gegenüber einem selbst oder Mitschüler_innen im Klassenzimmer klargestellt und zurückgenommen werden; selbst wenn der Lehrkörper die Äußerung gemacht hat. (Mehr dazu im Kapitel »Umgang mit Rassismuserfahrungen«).

Beispiel für das Erlernen von Gegenwehr (ab 6 Jahre)

Unterstützen Sie den Prozess des Sich-Wehren-Lernens bei ihren Kindern. Mein Rat an Sie als Eltern: Vermitteln Sie ihrem Kind je nach Alter und Persönlichkeit einfache verbale Strategien, um in Situationen schlagfertiger reagieren zu können, und erlauben Sie ihm, offensiv zu sein. Motivieren Sie es dazu, etwas zu antworten oder sich Hilfe zu holen. Vermitteln Sie ihm, dass es sich nichts gefallen lassen muss. Das könnte z. B. folgendermaßen lauten:

> »Jedes Kind hat Respekt verdient – lass es nicht auf dir sitzen, egal, von wem es kommt. Geh einfach zu der Person hin und frag sie: ›Warum glaubst du, dass du etwas Besseres bist?‹ Du wirst sehen, dass sie keine Antwort darauf hat.«

Darüber hinaus sollten ein fairer Umgang im Miteinander und respektvolle Sprache auch zu Hause gelebte Realität sein, um diese glaubhaft den Kindern zu vermitteln. So leben Sie den Kindern das Prinzip vor, wie es sein sollte. Suchen Sie identitätsstiftende, wertschätzende Räume (je nach Interessenlage des Kindes, aber auch mit interkulturellem Ambiente), in denen ihr Kind Gegenerfahrungen machen kann. Unterstützen Sie ihr Kind zu Hause, indem sie es mit selbstbewussten und wehrhaften Vorbildern umgeben. Für Jugendliche kann darüber hinaus der Austausch mit Gleichaltrigen von größerer Bedeutung sein. Das kann eine Austauschplattform für Jugendliche oder eine offene interkulturelle oder interreligiöse Jugendgruppe sein, in der gemeinsam diskutiert und traditionell gekocht wird. Die Atmosphäre ist das Entscheidende: ein Ort, wo ich ›Mensch‹ bin, muss es sein. All das kann unterstützend wirken (mehr dazu unter »Äußerer Schutzraum«).

Wie wehrhaft oder wehrlos ihr Kind sich fühlt, hängt letztlich von dem Rüstzeug ab, welches es mitbekommt. Soll es eine Haltung der Gleichwertigkeit als Mensch (»Ich bin richtig wie ich bin«) entwickeln, muss es zu Hause und in geschützten, identitätsstiftenden Räumen Wertschätzung erfahren.

Mit dem Bezug zur eigenen Religion / Herkunft, mit Vorbildern, Wissen und emotionaler Distanz zu dem Phänomen Rassismus entsteht dann eine Grundlage, auf der Empowerment stattfindet: ein positiver Bezug zu sich selbst.

Handlungsempfehlung für Empowerment in der Erziehung

► Suchen und schaffen Sie wertschätzende Räume für ihr Kind
Achten Sie auf Stereotype und grenzen Sie sich auch in Gesprächen zu Hause davon ab.

► Unterstützen Sie ihr Kind einen Bezug zum 2. Herkunftsland, der Volkszugehörigkeit oder Religion zu entwickeln und bestärken Sie es darin. Auf keinen Fall sollten Sie diese Themen tabuisieren.

► Machen Sie sich kundig über Rassismus und Vorurteile und vermitteln Sie das Wissen altersgerecht ihren Kindern (ggf. über Bücher).

► Denken Sie im Alltag kritischer über die Bedeutung von Zuschreibungen und korrigieren sie diese freundlich, wenn sie in ihrem Umfeld auftauchen.

► Beantworten Sie dem Kind die Frage »Wo gehöre ich hin« und lassen Sie einen Dialog darüber zu.

3
Sensibilitäten der Eltern

Don't you know you're beautiful?
Erykah Badu

Kinder und Jugendliche mit Migrationsgeschichte benötigen sensible Eltern, die sich dessen bewusst sind, dass ihre Kinder zu Hause umso mehr Liebe, Geborgenheit und Rückhalt brauchen. Daher ist es wichtig, den Kindern zu vermitteln: »Hier wirst du geliebt«, »Ich bin für dich da«, »Du kannst mit mir über alles sprechen, ich werde dir zuhören und es ernst nehmen.« Man sollte eine Vertrauensbasis haben und offen mit den Kindern sprechen. Sie sollten sie stärken, unterstützen und ihnen vertrauen. Wenn sie also eine Beschimpfung erlitten haben und sagen, dass sie schmerzhaft war, dann ist das auch so.

Die Eltern und die Familie sind die wichtigsten und engsten Ansprechpartner eines Kindes, und eine gute Eltern-Kind-Beziehung ist die Grundvoraussetzung für Empowerment. Nach der Erfahrung von Austen P. Brandt, Empowerment-Trainer mit langjähriger Erfahrung in der Begleitung von Menschen, die rassistische Erfahrungen verarbeiten möchten, bilden folgende Bausteine der Eltern-Kind-Beziehung im Miteinander eine Grundlage für die begleitende Unterstützung:

▸ der Individualität des Kindes Raum geben und sie nicht beschränken;

▸ eine vertrauensvolle Beziehung zum Kind aufbauen;

▸ Grenzen, die das Kind aufzeichnet, respektieren;

▸ sich Zeit nehmen, um dem Kind die nötige Aufmerksamkeit zu schenken;·

- ► Verlässlichkeit in der Beziehung zum Kind;
- ► Emotionale Stabilität (d. h. gleichbleibende Liebe und Zuwendung);
- ► Nachvollziehbare elterliche Reaktionen zeigen.

Individuelle Bedürfnisse und Persönlichkeit des Kindes erkennen

Kinder sind verschieden in ihrer Persönlichkeit, ihren Stärken und Schwächen. Sie haben nicht nur ihren eigenen Kopf, sondern auch individuelle Bedürfnisse, die je nach Alter variieren. Ihre Verhaltensweisen und Denkmuster sind an ihre Persönlichkeit gebunden. Eine wertvolle Beziehung zu dem Kind aufzubauen, bedeutet deshalb, darauf zu achten, welche Persönlichkeit es hat, und es bei der Entwicklung dieser Persönlichkeit zu unterstützen. Für Eltern heißt das konkret, den jeweiligen Verhaltensstil der Kinder zu entdecken und die Erziehung entsprechend an die Veranlagungen anzupassen. Das eine Kind geht offen auf andere zu, das andere Kind benötigt Hilfe, um auf andere zuzugehen. Das eine Kind steht gerne im Mittelpunkt, und orientiert sich stark an Freunden. (Dieses Kind leidet stärker, wenn es nicht die soziale Anerkennung erhält oder gar abwertende Sprüche von Freunden zu hören bekommt.) Das andere Kind braucht viel Zeit, um sich zu öffnen. (Umso stärker sollte man bei diesem Kind auf Zeichen von Traurigkeit achten und häufiger ›nachbohren‹.) Dies alles sind Unterschiede, die jeweils eines anderen erzieherischen Handelns bedürfen. Charles Boyd, Autor des Buches *Was für Eltern braucht mein Kind?*, beschreibt die Unterschiedlichkeiten in einem Modell und zeigt Eltern, wie sie lernen können, das Verhalten der Kinder besser einzuordnen und angemessen zu reagieren.

In seinem Persönlichkeitsmodell unterscheidet er vier Kategorien, die an dazugehörige Bedürfnisse geknüpft sind.

▸ **Schnelle und aufgabenorientierte Kinder.** Sie sind eher direkt und dominant im Auftreten. Sie geben gern die Richtung an, sind im allgemeinen entschlossen und anspruchsvoll. Hindernisse gehen sie mit Energie an.

▸ **Schnelle und beziehungsorientierte Kinder.** Sie sind eher initiativ und beeinflussen interaktiv. Sie wollen, dass es nach ihrem Kopf geht und erreichen dies, indem sie andere dazu überreden, sich anzuschließen. Sie sind oft herzliche Menschen.

▸ **Langsame und aufgabenorientierte Kinder.** Sie gehen die Dinge langsam, gewissenhaft und genau an. Sie denken analytisch, sind häufig förmlich, reserviert und gut organisiert.

▸ **Langsame und beziehungsorientierte Kinder.** Sie gehen die Dinge stetig an und sind sehr teamfähig. Sie sind entspannter, zuverlässig und bevorzugen, Dinge nicht zu verändern.

Finden Sie ihr Kind in diesem Persönlichkeitsmodell wieder?

Auch wenn man kein Freund von Schubladen ist, wird deutlich, dass je nach Kind und seinen Stärken, Schwächen und Geschwindigkeiten unterschiedliche Unterstützung nötig ist. Basis ist jedoch, das Kind nicht verbiegen zu wollen, sondern ihm zu zeigen, dass man es als Eltern so liebt, wie es ist.

Die Persönlichkeit des Kindes stärken

Es gibt viele Wege, die Persönlichkeit des Kindes zu stärken. Empowernd wirkt vor allem all das, was auch seine Identität stützt. Dazu habe ich einige Beispiele im letzten Kapitel vorgestellt. Ein Kind sieht sich selbst vor allem auch so, wie es von seinen Eltern gesehen wird. In späteren Jahren kommen die Freunde und das soziale Umfeld hinzu. Ob ein Kind sich wertvoll und angenommen fühlt, hängt stark von dem Bild ab, welches es in dem ›Spiegel‹ der Eltern sieht. Darin liegt die Chance, im Miteinander mit dem Kind seine Persönlichkeit zu stärken. Hier seien nur einige weitere Beispiele genannt, wodurch diese Stärkung konkret herbeigeführt werden kann[23]:

(1) durch gut eingesetzte aufmunternde Worte: »Du kannst noch viel erreichen, schau, wie gut du das schon machst.«

(2) durch ein beschreibendes Lob, welches Eigenschaften und den Charakter des Kindes positiv hervorhebt: »Du hast heute Mohammed verteidigt, als andere sich über ihn lustig gemacht haben, du bist ein wirklicher Freund«, oder »Ich sehe, du hast Courage.«

(3) dadurch, dass mit den Schwächen der Kinder ermutigend umgegangen wird und negative Botschaften vermieden werden: »Das hast du ganz gut gemacht, das nächste Mal könntest du noch versuchen…«, oder »Ich weiß, das fällt dir noch schwer, aber ich sehe, du hast dir Mühe gegeben«. Bei solcher Art der Kritik schwingt gleichzeitig die elterliche Botschaft mit »Ich mag dich, wie du bist«. Darauf kommt es an.

Vertrauen schaffen

Einem Kind, das Rassismus erlebt hat, kann man nur helfen, wenn man selbst davon erfährt, das heißt, dass das Kind zu Hause davon erzählt. Daher sollte man als Eltern auf eine vertrauensvolle Atmosphäre achten. Es sollte das Gefühl haben:

23 Charles Boyd (2003): Was für Eltern braucht mein Kind, S. 139ff.

»Ich kann über meine Probleme zu Hause mit jemandem sprechen, der das, was ich erzähle, ernst nimmt.« Nur so erreichen die drückenden Probleme auch das Ohr der Eltern und nur dann können Sie ihr Kind unterstützen und für es da sein. Wenn das Kind dies tut und es sich Ihnen anvertraut, können Sie mit dem Kind gemeinsam überlegen, was gut für es ist. Für die Eltern bedeutet das, zu spüren, was das eigene Kind an dem Punkt, an dem es steht, in Abhängigkeit zu seiner Persönlichkeit braucht, und ihm das zu geben.

Eltern benötigen also ein hohes Maß an Sensibilität und sollten in der Lage sein zu erkennen, wo das Kind emotional steht, wie es >tickt< und welche Form der Unterstützung und Stärkung aktuell sinnvoll ist. Das eigene Empfinden gibt letztlich die Richtschnur an, wie zu handeln ist, ohne dass das Kind noch mehr verletzt wird oder sich alleine gelassen fühlt.

Wichtig ist es daher, zum einen immer wieder ermutigende Worte an das Kind zu senden, dass es richtig ist, seinen eigenen Weg zu gehen, und zum anderen, sich tief in das Kind hineinzuversetzen und sich zu fragen: »Was ist der nächste Schritt?«, »Was braucht mein Kind jetzt?« (Lob, Selbstwert stärkende gemeinsame Aktivitäten, aktives Wehren durch Konfrontation, Zeit mit Gleichgesinnten, Akzeptanzräume, ein persönliches Gespräch oder ...).

Grenzen respektieren

Aus der Individualität des Kindes ergeben sich auch individuelle >Schmerzgrenzen< beim Kind. Introvertierte Kinder sehen z. B. Situationen, in denen sie im Mittelpunkt stehen, mit Schrecken entgegen. Sie bedeuten für diese Kinder Stress. Das sollten Sie bedenken, wenn Sie sich aktiv gegen rassistische Sprüche oder Verhaltensweisen wehren wollen. Es ist wichtig, als Vertrauensperson den Wunsch des Kindes zu respektieren. Möchte es bei einer Übertretung kein offenes

Gespräch mit dem Verursacher führen und nicht mit ihm konfrontiert werden, ist dieser Wunsch zu berücksichtigen. Im Einzelfall kann das bedeuten, den eigenen Wunsch nach schneller Klärung zurückzustellen, um die Vertrauensebene zum Kind nicht zu zerstören, und stattdessen noch etwas abzuwarten und nur im Gespräch mit dem Kind zu bleiben. Andererseits bleibt noch die Möglichkeit offen, ohne das Kind mit dem_der Verursacher_in oder dem_der Lehrer_in zu sprechen.

Sich Zeit nehmen

Im Alltag einer Familie müssen alle ihr tägliches Programm erfüllen. Füreinander da zu sein, ist schwierig, wenn beide Eltern eine Vollzeitstelle haben oder man als alleinerziehender Elternteil Beruf, Haushalt und Erziehung unter einen Hut bringen muss. Familienzeit ohne Ablenkungen wie durch TV, Internet oder Spielkonsolen ist umso seltener und kostbarer geworden. Um die emotionale Situation der eigenen Kinder mitzubekommen, braucht man Zeit, die man sich bewusst nehmen sollte. In Ruhe etwas besprechen zu können – ohne Ablenkung oder Geschwisterkinder –, schafft den Raum, um das loszuwerden, was einem auf dem Herzen liegt. Ein möglicher ruhiger Zeitpunkt könnte das ›Gute Nacht‹-Ritual sein, sich am Bett noch kurz (oder länger) zu unterhalten. Für Jugendliche wäre auch ein gemeinsamer ungestörter Nachmittag denkbar.

Emotionale Stabilität bieten und nachvollziehbare elterliche Reaktionen zeigen

Für ihr Kind sind emotionale Stabilität und nachvollziehbare elterliche Reaktionen eine direkte Quelle für seine eigene innere Stabilität. Ein gleichbleibendes Gefühl, so geliebt zu sein, wie man ist, ist für diese Stabilität ebenso wichtig wie die Vermittlung gleichbleibender Werte und konstante Erwartungen und Reaktionen der Eltern auf Verhaltensweisen des Kindes. Sie geben dem Kind Sicherheit, es weiß, woran es ist. In diesem Zusammenhang ist es insbesondere wichtig, niemals ›Liebesentzug‹ als Strafe einzusetzen. Die Liebe zum Kind bleibt ein beständiger Teil der Beziehung, der nicht von dessen Verhalten, Leistungen oder anderem abhängig gemacht werden sollte. Ist der liebevolle Rückhalt in der Familie an Bedingungen geknüpft, kann es dazu führen, dass man als Elternteil nicht mehr als Vertrauensperson wahrgenommen wird.

Das eigene Empfinden und die Erlebnisse des Kindes ernst nehmen

Vertraut man seinem eigenen Empfinden gegenüber dem Kind, ist man auch bereit, das Seelenleben des Kindes ernst zu nehmen. Das ist essenziell wichtig. Fehlt es jedoch an eigenen Rassismuserfahrungen, wie z. B. bei weißen deutschen Eltern von afrodeutschen Kindern, sollte man sich dieses fehlenden Zugangs bewusst sein. Die unterschiedliche Grunderfahrung von Akzeptanz im Umfeld wahrzunehmen, bedeutet, sich klar darüber zu sein, dass man nicht hundertprozentig nachfühlen kann, wie es ist, rassistischer Beschimpfung ausgesetzt zu sein. Daher ist es umso wichtiger, auf die Gefühle und die Einschätzung des Kindes zu vertrauen. Wenn es sich verletzt fühlt, hat eine Verletzung stattgefunden. Die Erfahrungen des Kindes nicht zu bagatellisieren, ist essenziell für das Vertrauen zwischen Eltern und Kind.

4
Der Umgang mit Rassismuserfahrungen

Nun wissen wir: die eigenen Kinder ernst zu nehmen, ist ein erster wichtiger Schritt. Zu dem, was Kinder stark genug macht, um mit Belastungen umzugehen, gibt es eine Vielzahl von Erkenntnissen u. a. aus der Familientherapie. Eine heilende Erfahrung kann bereits sein, dass man gesehen und mit dem, was man sagt, ernst genommen wird. Renommierte Familientherapeuten wie Rainer Schwing und Andreas Fryszer[24] fassen drei grundlegende Haltungen zusammen, die Kinder und Jugendlichen helfen, mit familiärer Unterstützung Belastungen unbeschadet zu überstehen:

Haltung I: »Ich kann etwas bewirken in meinem Leben«
Haltung II: »Wenn ich nicht weiterkomme, sind Menschen zur Stelle, die mir helfen.«
Haltung III: »Irgendwie wird es schon gut gehen, auch wenn es mal schwierig für mich wird.«

Diese drei Haltungen bewirken, dass Kinder mit Selbstvertrauen und Zuversicht durch Krisen gehen und mit Belastungen besser umgehen können. Sie sind wie »Stressimpfungen«, heißt es weiter. Und diese Kinder sind vergleichsweise ausgeglichen. Umgekehrt sind Kinder und Jugendliche, die diese Unterstützung nicht haben, krisenanfälliger, so Schwing und Fryszer. Dieses Wissen um entscheidende Haltungen fließt – neben den Erkenntnissen zu Empowerment aus Kapitel zwei und den erfolgreicheren Handlungsstrategien

---

24 Schwing, R. & Fryszer, A. (2013), S. 24ff.

meiner Studie ⌐ in mein Konzept zum Umgang mit Rassismuserfahrungen ein. Die in diesem Kapitel beschriebenen Ansätze (die altersgerecht, situationsspezifisch und individuell von den Eltern ausgewählt werden), sollen genau diese Haltungen bei den Kindern erreichen.

Vorsicht bei der Wahl der Handlungsstrategien

In meiner Studie »Akkulturationstress von Migranten« ermittelte ich unter 39 Teilnehmer_innen unterschiedliche Strategien im Umgang mit rassistischen Beschimpfungen. Eine verbreitete, aber wenig erfolgreiche Strategie zum Abbau des Stresses war der Versuch, den Rassismus zu ignorieren und zu ertragen. Dazu ein Beispiel:

> Jenny, Sozialpädagogin mit deutsch-kenianischer Abstammung[25], wurde als uneheliche Tochter einer verheirateten Deutschen und eines kenianischen Studenten geboren. Ihren kenianischen Vater lernte sie erst nach langen Recherchen im Erwachsenenalter kennen. Kurz nach der Geburt kam sie in ein Kinderheim und wurde zur Adoption freigegeben. Die dortige weiße, deutsche Heimleiterin adoptierte sie und wurde ihre Mutter. Jenny wuchs als Schwarzes Kind in einem kleinen Ort in Ostdeutschland auf, in dem ihr Aussehen erst einmal Aufsehen erregte, bald aber zur Normalität gehörte. Wegen ihrer afrikanischen Abstammung erlebte sie Rassismus in ihrem Umfeld von klein auf. Auch ihre Mutter war rassistischen Beschimpfungen ausgesetzt und wurde sogar als »N-Hure« beschimpft.

Beleidigungen und Beschimpfungen, mit denen Jenny und ihre Mutter umgehen mussten, versuchte sie zu ignorieren. Auch ihre Mutter tat bei Beschimpfungen so, als ob sie nichts

---

25 Name wurde geändert.

gehört hätte, weil sie der Meinung war: »Es bringt nichts, etwas zu sagen«. Diese Strategie übernahm ihre afrodeutsche Tochter und musste die Verletzungen fortan aushalten. Da keine Schutzreaktion folgte, ist die Verletzung in der Erinnerung des Kindes als Demütigung zurückgeblieben, an die sie glaubt, sich gewöhnen zu müssen.

> »Ich habe mich zwar im Spiegel gesehen und habe irgendwie den Unterschied schon wahrgenommen, aber trotzdem war, glaube ich, das Bestreben, einfach so zu sein wie die Anderen, ein sehr großes. Und für mich selber das auszublenden, dass ich 'ne Hautfarbe habe, bestimmte Bilder provoziere und gleichzeitig das immer wieder aufs Brot geschmiert zu bekommen, irgendwie so einen Rückschlag zu bekommen, der mir signalisiert: Du bist aber nicht wie alle. Ich habe nach Dingen gesucht, die symbolisieren: ›Ich bin nicht richtig, so wie ich bin.‹« (Jenny)

Diese beispielhafte Erfahrung zeigt, dass Verdrängungsstrategien eher nicht zu der gewünschten inneren Zufriedenheit führen. Diese Handlungsstrategie kann das Selbstwertgefühl eines Kindes auf Dauer schwächen. Ich möchte an dieser Stelle eher solche Strategien vorschlagen, die sich aus der Familientherapie, aus Erfahrungen von Empowerment-Expert_innen und meiner Studie als stresshemmend erwiesen haben. Zuvor möchte ich kurz darauf eingehen, warum es wichtig ist, altersgerechte und situationsspezifische Unterstützung zu bieten.

Altersgerechte Wahl der Strategie

Die in diesem und den folgenden Kapiteln vorgeschlagenen Ansätze für Strategien und innere und äußere Schutzräume sollten je nach Alter des Kindes unterschiedlich betrachtet und angepasst werden. Wichtig ist grundsätzlich, dass die Eltern-Kind-Beziehung von Offenheit, Liebe und Vertrauen (idealerweise auch von Geborgenheit) geprägt ist und dass, trotz alltäglicher Meinungsverschiedenheiten, das Gefühl beim Kind/Jugendlichen besteht »Ich kann immer mit meinen Problemen kommen. Man hört mir zu und nimmt sich Zeit für mich.« Das Alter und die Persönlichkeit der Tochter/des Sohnes sollten ebenfalls genauer betrachtet werden, um das Kind nicht zu ängstigen oder zu überfordern. Manche Kinder trauen sich mehr, andere ziehen sich eher eingeschüchtert in eine ›Höhle‹ zurück. Die Ausprägung, wie stark das Bedürfnis nach Geborgenheit, Zuwendung, sozialer Akzeptanz und Anerkennung von Leistungsergebnissen ist, variiert von Kind zu Kind. Sie kennen ihr Kind am besten und sollten sich bewusst machen, wie wichtig es ist, dass Sie sensibel und individuell auf Zeichen und Bedürfnisse ihres Kindes reagieren.

Für Kinder von 3-6 Jahren

ist das Grundgefühl von Geborgenheit und Akzeptanz durch die Bezugspersonen in Familie und Kita extrem wichtig. Das bestätigt die frühkindliche Forschung. In der sozialen Gruppe ist es für sie am besten, Gleichwertigkeit und Wertschätzung spielerisch im selbstverständlichen Miteinander zu erleben. Zu Hause, in der Familie, kann dies über Gespräche und altersgerechte interkulturell hochwertige Bücher vermittelt werden (Liste im Anhang). Geborgenheit und uneingeschränkte Akzeptanz sind in diesem Alter noch wichtiger als detaillierte Erklärungen darüber, wie Vorurteile entstehen. Abstrakte Begriffe wie ›Rassismus‹ und ›Diskriminierung‹ sind eine Überforderung in diesem Alter.

Schulkinder zwischen 6-12 Jahren

sind bereits in der Lage, sich in andere Personen hineinzuversetzen und in sozialen Situationen Gegenpositionen einzunehmen. Sie brauchen aber noch viel Unterstützung gegenüber Erwachsenen in ihrem Umfeld, die sich ihnen gegenüber rassistisch verhalten. Schulkinder kennen soziale Konflikte und lernen erstmals, sich in der Gruppe zu behaupten. Sie benötigen Wissen über den Hintergrund von Vorurteilen und können diese bereits nachvollziehen, wenn sie ihnen erklärt werden. Einfache Strategien, sich in entsprechenden Situationen mit Worten zur Wehr zu setzen, können sie bereits anwenden. Diese müssen für die Schulkinder unbedingt altersgerecht verpackt sein und dürfen sie nicht ängstigen oder überfordern.

Für Teenies und Jugendliche ab 11-12 Jahren

ist mit Beginn der Pubertät die Erfahrung von Wertschätzung von Gleichaltrigen, in der medialen Öffentlichkeit und vonseiten der Lehrer und des sozialen Umfeldes von größerer Bedeutung als in jüngeren Jahren. Sie erkennen sehr deutlich die Schubladen, in die sie gesteckt werden, und versuchen, ihre Identität inmitten all der >angebotenen< Identitäten zu finden. Ethnische Erziehung, das heißt, die Vermittlung von Wissen über die eigene Herkunft und Religion, spielen in diesem Alter eine noch größere Rolle, vor allem als Anker gegenüber plakativer Stereotypisierung ihrer Herkunft im Umfeld. Kinder in diesem Alter verstehen die gesellschaftliche Tragweite des Phänomens schon genauer. Kritisches Denken und eine bewusste und vorgelebte Widerstandshaltung gegen soziale Ungerechtigkeit und Diskriminierung können für sie daher eine unterstützende Größe im Alltag sein. Seien Sie durch Ihr eigenes Handeln ein Vorbild.

Situationsspezifische Wahl der Strategie

Es gibt keinen Handlungsweg, der für alle Kinder gleich gut funktioniert. Ein Weg kann für das eine Kind stärkend und unterstützend sein, für das andere Kind jedoch eine Verschlimmerung des Schmerzes bedeuten. Jeder, der mehr als ein Kind hat, kann nachvollziehen, wie unterschiedlich Kinder auf dieselbe Situation reagieren können. Daher soll in diesem Buch kein festgelegter Handlungsweg vorgegeben werden. Genau das Gegenteil ist der Fall. Jedes Elternteil sollte den besten Weg und die beste Strategie für sein Kind finden in Abhängigkeit zur Persönlichkeit und dem Alter des Kindes.

Drei Strategieansätze

Strategie A: sich aktiv wehren/auf Klärung bestehen

Diese Strategie der Konfrontation mit dem Verursacher/der Verursacherin bietet viele Möglichkeiten, aber auch viele Gefahren. Es besteht die Möglichkeit, dass der_die Verletzende nach einem klärenden Gespräch Einsicht zeigt, die Respektlosigkeit des Handelns anerkennt und sich entschuldigt. Oder, dass er_sie von einer anwesenden Erziehungsperson (Elternteil des_der Verletzenden, Lehrer_in, Schulleiter_in) dazu aufgefordert wird, solches Verhalten in Zukunft zu unterlassen, oder – bei Anwendung körperlicher Gewalt – ggf. bestraft wird. Im optimalen Fall geht das Kind dann gestärkt aus dieser Situation hervor.

Es besteht aber auch die Gefahr, dass das Kind das Treffen als Gegenüberstellung empfindet, sich in einer Situation wiederfindet, in der es sich rechtfertigen muss, oder das Aufeinandertreffen mit dem_der Verletzenden eine Trigger-Wirkung hat. In diesem Fall verschlimmert man die erlittene Verletzung noch.

Beschwerdebrief

Eine zweite Möglichkeit ist Zuhause sich in Ruhe hinzusetzen, alle Fakten zu sammeln (Namen, Ort, Zeitraum) und einen Beschwerdebrief zu verfassen. Die Adressaten sind Verantwortliche in dem Setting, die wiederum schriftlich antworten sollen. Dieser Brief vermeidet eine Konfrontation für das Kind, das sich mündlich erklären muss. Außerdem hat es den Vorteil das länger andauernde Mobbing-Prozesse schriftlich festgehalten sind. Ändert sich nichts,kann man auf den Brief vom letzten Monat verweisen und die nächst höhere Instanz (Klassenleher_in-Schulleitung-Schulamt) einbeziehen.

Daher sollte man immer überlegen, ob das Kind für ein solches Treffen die geeignete Alters- und Persönlichkeitsstruktur hat und welche Personen bei dieser Konfrontation zugegen sein sollten. Hier ist die Sensibilität der Eltern und ein ehrlicher Austausch mit dem Kind gefragt, bei dem die Wünsche (oder Ängste) des Kindes im Vordergrund stehen sollten.

Strategie B: selbst entwickelte Gegenstrategien fördern und zulassen

Diese Strategie bietet sich an, wenn ein geschützter äußerer Raum (Ort unter Freunden) vorhanden ist. Besteht dieser Raum, kann auch die Möglichkeit genutzt werden, sich in einer selbstgewählten Peergroup/Community-Gruppe/ Freundeskreis (mit anderen Kindern, die aus eigener Erfahrung sensibel für Rassismus sind) andere Ausdrucksformen der Gegenwehr in einem kreativen Prozess zu entwickeln. Das kann ein Theaterstück, ein Rap-Song, ein Bild, eine Schulaktion oder ähnliches sein. Wichtig ist dabei, dass sich das Kind selbst mit seinen Gefühlen ausdrückt und diese nach außen trägt.

Strategie C: im Gespräch bleiben und durch diversitäts-sensible Bücher und Geschichten Gedankenprozesse einfühlsam begleiten, ohne eine Drucksituation herzustellen

Diese Strategie ist gerade für jüngere Kinder sinnvoll, die mit einer Erklärung über die Funktionsweise von Rassismus überfordert sind. Die Erfahrung, wegen einer Eigenschaft oder eines Merkmals anders (oder schlechter) behandelt zu werden, kann in diesem Alter am besten über Bilder- und Alltagsgeschichten thematisiert werden, in denen Protagonisten vorkommen, mit denen sich das Kind aufgrund des Aussehens und/oder der dargestellten Lebenswelt identifizieren kann: Geschichten in denen (afrodeutsche, muslimische ...) Helden als starke Akteure auftreten, die Hindernisse meistern. Denkbar sind auch Bücher, die sich generell mit Anders-Sein befassen (z.B. aus der Tierwelt). Dabei ist es wichtig, dass das Anders-Sein auf positive Weise vermittelt wird oder sich im Ausgang der Geschichte als Mehrwert herausstellt. Bezug nehmend auf die Geschichte kann man – anschließend oder begleitend – das Kind vorsichtig auf die belastende Situation ansprechen.

Es gilt, bei der Wahl der Strategie immer zu bedenken, dass Kinder unter 12 Jahren überfordert werden oder sie mit ihren Worten ein negatives Weltbild aufbauen könnten, in denen >jeder< etwas gegen das Kind hat.

Erst ab dem Alter von 10-12 Jahren sollten die Phänomene Vorurteil und Rassismus detaillierter erklärt werden.

Situationsspezifische Wahl der Strategie am Beispiel von Mobbing in der Schule

> Ein 8-jähriges introvertiertes afrodeutsches Mädchen geht in die dritte Klasse einer Grundschule und wird von seinen Mitschülern immer wieder »Schwarze Kacke« gerufen. Es erzählt das Erlebte der Pausenaufsicht, aber es kommt zu keiner Reaktion. Das Kind wirkt zunehmend bedrückt und auf längere Nachfrage hin erzählt es seiner Mutter von den täglichen Beschimpfungen. Was ist zu tun?

Die Strategie, sich aktiv zu wehren (Gegenüberstellung der Beteiligten, Richtigstellung und ggf. Entschuldigung einfordern), bietet zwar laut meiner Studie die größte Aussicht auf Erfolg, aber es gilt zu bedenken, dass nicht Kinder aller Altersstufen und Persönlichkeitsstrukturen (z. B. introvertierte, schüchterne Kinder) in der Lage sind, mit solchen Situationen umzugehen. Im Falle des 8-jährigen Mädchens wäre es ratsam zu handeln, aber nicht zu offensiv, um es nicht weiter zu verunsichern oder zu verletzen. Denkbar wäre ein Gespräch mit dem_der Klassenlehrer_in, um zum einen herauszufinden, wer die Verursacher waren, und zum anderen den_die Lehrer_in zu bitten, einzeln mit den Kindern darüber zu sprechen, wie verletzend ihr Verhalten war und dass dies enden muss. Idealerweise sollten sich die Kinder bei dem Mädchen entschuldigen. Sollten diese Maßnahmen zu keinem Erfolg führen und der Fall sich wiederholen, kann ein Gespräch mit der Schulleitung und den Eltern der Mitschüler der nächste Schritt sein.

Aufgrund der Introvertiertheit des betroffenen Mädchens sollte sie jedoch von den Gesprächen ausgenommen sein – es sei denn, sie möchte explizit daran teilnehmen. Sie könnte die Konfrontation mit den Verletzenden als peinlich empfinden und sich durch die Bloßstellung noch mehr verletzt fühlen.

Daher sollte auch überlegt bzw. in einem gemeinsamen, einfühlsamen Gespräch herausgefunden werden, ob nicht die Strategie C (gut überlegtes Nicht-Handeln, aber im Gespräch bleiben) eine echte Alternative wäre. Das Vertrauen beim Kind, dass Papa/Mama »nichts machen, wenn ich davon noch mehr bedrückt bin«, ist genauso wichtig, wie das Wissen, wehrhaft zu sein. Das Gefühl von Sicherheit und das Vertrauen, dass die eigenen Gefühle ernst genommen werden – und das kann auch heißen, dass nichts unternommen wird, was das Kind noch mehr bedrückt –, haben in dieser Situation Priorität. Gerade Jugendliche kann das stark machen. Eine Reaktion der Eltern, z. B. die Einforderung einer Richtigstellung, kann beim Kind das Gefühl auslösen, sich wahrgenommen, beschützt und wehrhaft zu fühlen.

Prozesse sehen

Die Begleitung des Kindes/Jugendlichen im Umgang mit einer rassistischen Erfahrung sollte als Prozess gesehen werden. Hat man sich z. B. dazu entschieden, den_die Verursacher_in (auf Wunsch des Kindes) nicht anzusprechen, bleibt trotzdem die Aufgabe, sich mit dem Kind über diese Thematik auszutauschen. Selbst wenn das Kind sie ursprünglich um Zurückhaltung gebeten hat, kann sich das nach einiger Zeit und wiederholten Gesprächen ändern. Ist nach dem ersten Gespräch Zeit vergangen und hat das Kind/der Jugendliche die Sache noch einmal durchdacht, kann man erneut fragen: »Sollen wir wirklich nichts tun?«

Spätestens ab diesem Zeitpunkt kann erneut gefragt werden: Möchtest du dich mit anderen Betroffenen in einer ›schützenden Gruppe‹ (äußerer Schutzraum) treffen? Willst du dich mit den Themen eigene 2. Herkunft, Kultur, Religion ... auseinandersetzen?

Im Falle eines tätlichen Angriffes auf das eigene Kind, sollte man beobachten, ob es zu einer Wiederholung bei dem_der Täter_in kommt und diese dann ggf. zu verfolgen oder vertraulich z. B. mit dem_der Lehrer_in des Kindes sprechen.

Handlungsempfehlungen: Umgang mit Rassismuserfahrungen und Sensibilität für das Kind

▶ Der Umgang mit Rassismuserfahrungen sollte altersspezifisch, und situationsspezifisch angewandt werden.

▶ Nehmen Sie die Erlebnisse und den Schmerz ihres Kindes ernst (Bagatellisierung vermeiden).

▶ Legen Sie besonderen Wert auf ein Vertrauensverhältnis zwischen sich und dem Kind und bewahren Sie dieses im Prozess des Handelns.

▶ Handeln Sie im Fall einer seelischen Verletzung.

▶ Weisen Sie aktiv auf rassistische Denkweisen in Gesprächen hin. Helfen wird ihnen Wissen aus OEGG (2013) Dort finden Sie die Argumente.

▶ Aus den verschiedenen Strategien wählen Sie bewusst, welche zu welcher Situation passend ist. Auch einen Tag später zu reagieren, ist nicht zu spät.

▶ Passen Sie ihre Handlungsstrategien dem Alter und der Persönlichkeit ihres Kindes sowie der Situation an.

▶ Handeln Sie stets nach der Maxime: der Schutz des Selbstwertgefühls meines Kindes hat Vorrang.

Elternreflexion: Weltbilder und dazugehörige Erziehungsbotschaften

Ein positives Erziehungscredo finden

Sie können ihrem Kind helfen. Um den eigenen Kindern zur Seite zu stehen, ist es nicht nur wichtig, individuell zu handeln, man sollte sich auch über das eigene Weltbild bewusst zu werden. Die eigenen Vorurteile, die eigenen Akzeptanz-, Rassismus- und Kindheitserfahrungen: das alles zusammen beeinflusst das Credo der Erziehung und damit den Interpretationsrahmen und das Weltbild des Kindes. Vorurteile werden schon in der frühen Kindheit verinnerlicht. Sie beeinflussen unsere Haltung und Wahrnehmung und damit auch unser Verhalten als Eltern. Dies sollte man sich bewusst machen und reflektieren. Eine Haltung, die sich zur Stärkung des Selbstwertes des Kindes bewährt hat, wäre beispielsweise eine humanistische: »Jeder Mensch ist wertvoll und hat Respekt verdient«. Aus diesem Bewusstsein heraus kann es lernen, Respekt für sich selbst einzufordern. Auf dieser Basis ist es auch selbstverständlicher, dieses Verhalten von seinem Umfeld einzufordern und sich zu wehren, wenn dieser Respekt fehlt (rassistische Sprüche, Beleidigungen, Beschimpfungen).

Die Familiensituation

In der Familiensituation, kann es schwierig sein, mit dem Thema Rassismus umzugehen, obwohl man sich liebt. Manche Eltern ›übernehmen‹ die Themen der Kinder, ohne sie mit den Kindern zu reflektieren. Manche Familien haben selbst vielleicht rassistische Familienmitglieder, die die Kinder dennoch lieben. Andere Eltern wollen überhaupt nicht darüber sprechen und sagen ihren Kindern, sie sollen sich nur genug anstrengen, dann werde alles gut. Manche Eltern wollen ihre Kinder nicht loslassen und verhindern damit, dass sie sich eigene Räume mit Gleichgesinnten suchen können. Andere Eltern sind selbst von Rassismus und existenziellen Problemen betroffen, sodass sie es sich nicht leisten können, >schwach< zu sein oder entsprechende Probleme zu thematisieren. Andere sind einfach nur überlastet.[26]

Sie sind Muslim, Afrodeutsche_r oder deutsche Mutter mit einem Kind mit Migrationsgeschichte? Finden Sie heraus, wie ihre eigene Einstellung und Situation in der Familie ist, was Sie selbst über Vorurteile denken und an ihre Kinder weitergeben. Um eine Spirale der Hilflosigkeit zu durchbrechen, ist es wichtig, dass sie ihre Rolle als Rückhaltgeber_in und Wissensvermittler_in für sich entdecken. Die elterliche Voreinstellung wirkt sich direkt auf das Weltbild des Kindes aus, oder anders ausgedrückt: *Wie Sie die Welt (ihre Chancen und Einschränkungen) sehen, so sieht sie auch ihr Kind.*

Daher ist es wichtig, sich einmal zu hinterfragen. Die Frage geht an Sie: Wie gehe ich selbst mit dem Thema um? Bin ich jemand, der offen darüber reden kann? Oder fällt es mir aus unterschiedlichen Gründen schwer?

In diesem Kapitel möchte ich Sie anregen, über ihre Einstellung gegenüber vorurteilsbehafteten Menschen nachzudenken und genauer hinzusehen, was Sie über Rassismus denken und wie Sie zu entsprechenden Erfahrungen stehen und wie vorurteilssensibel sie selbst handeln. Ihr Weltbild und ihre Grundeinstellungen sind das Ergebnis ihrer Erfahrungen mit dem Umfeld, in dem Sie leben, und Sie geben diese an ihre Kinder weiter. Um herauszufinden, welche Grundeinstellung Sie haben, biete ich Ihnen drei sich gegenüberstehende Weltbilder als Orientierungshilfen an. Im

---

26 Erfahrungsbericht einer Jugendlichen aus der Berliner Empowermentgruppe (Black Diaspora School).

zweiten Schritt schlage ich vor, diese Grundeinstellung als Erziehungsbotschaft an ihre Kinder zu überprüfen. Doch vorab noch einige Bemerkungen hinsichtlich der unterschiedlichen Zugänge zum Thema.

Der eigene Zugang zum Thema Rassismus

Jede_r, der_die ähnliche Erfahrungen mit herkunftsbezogener Ablehnung gemacht hat, weiß, wie sich das anfühlt und wie lange solche Erlebnisse einen weiterhin beschäftigen und bedrücken. Eltern mit Migrationsgeschichte oder nicht-christlicher Religion haben daher einen besonderen Zugang zum Thema, weil sie diese Erfahrung aus der eigenen Biografie kennen. Dies kann von Vorteil sein, wenn die Verarbeitung erfolgreich und mit einem positiven Selbstverständnis abgeschlossen wurde, aber auch von Nachteil, wenn die eigene Verarbeitung mit Ohnmachtsgefühlen verbunden ist und diese auf die eigenen Kinder übertragen werden.

An Eltern mit eigenen Rassismuserfahrungen

Falls Sie selbst Rassismus in Ihrer Biografie erlebt haben, möchte ich Sie anregen, über Folgendes nachzudenken: Woran erinnern Sie sich besonders? Situationen, in denen Sie unterlegen waren und ihnen Chancen verwehrt blieben? Gab es auch positive Gegenerfahrungen, Erfahrung von Unterstützung? Welche Rolle spielen diese Erfahrungen für Ihr Verständnis davon, welche Möglichkeiten Ihnen und Ihrer Familie offenstehen? Spiegelt Rassismus für Sie Machtverhältnisse wider, die unveränderlich sind, und wenn ja, bedrückt Sie das und vermittelt sich das eventuell in Ihrer Erziehung?

An Eltern ohne eigene Rassismuserfahrungen
weiße, deutsch-stämmige Eltern (ohne Migrationsgeschichte)

Ihr Kind macht Erfahrungen, die Sie selbst nicht vollständig mitfühlen können, weil Sie mit dem Privileg leben, nicht wegen der eigenen Herkunft mit negativen Vorurteilen belegt zu werden. Ihr Kind erlebt ggf. eine Abwertung seiner selbst, der Sie mit besonderer Sensibilität entgegentreten sollten. Vertrauen Sie den Gefühlen ihres Kindes, wenn es sich verletzt fühlt, und nehmen Sie diese Gefühle ernst. Ob eine Verletzung stattgefunden hat oder nicht, kann nur Ihr Kind entscheiden – kein_e Lehrer_in oder Erzieher_in. Fragen Sie sich selbst, welche Vorurteile Sie über andere Herkunftsländer, Religionen und Kulturen in sich tragen. Gehen Sie bewusst mit der Tatsache um, dass Ihr Kind in verschiedenen Lebenslagen auch zu einem ›anderen‹ gemacht wird und überlegen Sie, was das bedeutet.

Weltbilder

Grundsätzlich unterscheide ich zu Ihrer Orientierung drei extreme, sich gegenüberstehende Weltbilder, die eine Grundlage Ihrer Erziehung sein könnten. Wo finden Sie sich wieder?

Weltbild 1: »Deutsche ohne Migrationsgeschichte sind Rassisten, da kann man nichts machen.«

Weltbild 2: »Manche Deutsche ohne Migrationsgeschichte sind Rassisten, aber ich komme zurecht.«

Weltbild 3: »Rassismus ist nichts, womit ich mich beschäftige.«

Vom Weltbild zur dazugehörigen Erziehungsbotschaft

Das, was man denkt, wirkt sich auf die eigene Einstellung und das Verhalten aus. Diese elterliche Einstellung bestimmt mit, was man seinem Kind sagt, welche Ratschläge man ihm gibt oder wie man ihm die Welt erklärt. Der Einfluss der

Eltern und ihre Sichtweise auf die Welt spiegeln sich in den Gedanken der Kinder wider und halten unter Umständen noch bis ins Erwachsenenalter hinein an. Kinder toleranter Eltern haben beispielsweise weniger Probleme, Unterschiedlichkeit in ihrem Umfeld zu akzeptieren. Um die Rolle der eigenen Haltung zu analysieren, möchte ich an dieser Stelle jedem Weltbild ein bis zwei (von mir vereinfachte) Erziehungsbotschaften zuordnen, die sich aus meiner Sicht zwangsläufig ergeben.

Erziehungsbotschaften zu Weltbild 1

a) Du bist ein Opfer des unveränderbaren Rassismus und deshalb ein schutz- und wehrloser Mensch zweiter Klasse.
b) Deine Umwelt ist gegen dich, also kämpfe und schlage zurück!

Erziehungsbotschaft zu Weltbild 2

Du bist ein gleichwertiger Mensch, dem keine Grenzen durch die Herkunft gesetzt sind?

Erziehungsbotschaft zu Weltbild 3

Du sprichst nicht über dieses Thema und seine Wirkung auf dich. Du bist zwar verletzt, bleibst aber mit dem Problem für dich allein.

Sicher sind die hier vorgestellten Weltbilder nur Skizzen von vielen möglichen Weltbildern. An dieser Stelle wollte ich Ihnen als Leser_in nur den Einfluss ihrer Haltungen, Einstellungen oder Vorbehalte auf ihr Erziehungsverhalten verdeutlichen. Es lohnt sich, genau zu überlegen, wo man selbst steht und was man verinnerlicht hat. Wenn dies nicht mit dem übereinstimmt, was Sie sich für ihr Kind wünschen, wäre es gut, es vielleicht noch einmal zu überdenken oder

Gespräche darüber zu führen. Sie vermitteln Ihrem Kind die Rahmenbedingungen, unter denen es sich und seine Umwelt wahrnimmt. Das bedeutet viel Verantwortung. Es bedeutet, zu entscheiden, in welchem ›gefühlten Rahmen‹ es sich, seine Umwelt und sein Leben wahrnimmt.

Perspektiven ändern – Selbsterfahrung in Workshops

Verinnerlichte Weltbilder und Vorurteile sind Bestandteil unserer Gesellschaft und oft von früher Kindheit angelernt. Sie beinhalten immer Bewertungen, Kategorisierungen, die im Erwachsenenalter nicht mehr hinterfragt werden. In Workshops kann man sich durch gezielte Übungen mit seinen Vorannahmen, Bildern und deren Funktionen und Einfluss auf das Handeln beschäftigen.

In solchen Räumen können sich auch Eltern, deren Kindern von Rassismus betroffen sind, austauschen und lernen, mit Anfeindungen besser umzugehen. Ansprechpartner_innen für solche Workshops finden sie im Anhang des Buches.

Elternreflexion und Erziehungsbotschaft

Machen Sie sich klar:

▸ Ihre Erfahrungen und Einstellungen zu Rassismus beeinflussen ihr Weltbild und ihr Erziehungsverhalten.

▸ Sie vermitteln Ihrem Kind die Rahmenbedingungen, unter denen es sich und seine Umwelt wahrnimmt.

▸ Es wichtig ist, sich folgende Fragen zu stellen: »Was für eine Welt vermittele ich meinem Kind«, »Welchen Platz hat es darin?« und: »Was für eine Erziehungsbotschaft habe ich?«

▸ In Workshops kann die eigene Sensibilität geschärft werden und es gibt die Möglichkeit Erfahrungen auszutauschen.

5
Innerer Schutzraum

In Kapitel 2 habe ich die Elemente eines empowernden Rüstzeuges bereits vorgestellt. In diesem Kapitel möchte ich unterscheiden, in welchem Rahmen die identitätsstützenden Inhalte an die Kinder vermittelt werden können.

Die Familie ist der Ort, an dem das Kind Liebe und vollkommene Akzeptanz erfahren kann. In der Familie kann das Kind idealerweise es selbst sein, mit seinen Stärken und Schwächen. Hier bekommt es wegen seiner Hautfarbe, Religion, Herkunft keine negativen Attribute angehängt, sondern wird geschätzt. Diese Erfahrung ist essenziell für ein gutes Selbstwertgefühl. Man kann die eigenen Kinder nicht ständig und überall beschützen, aber es bedeutet eine große Hilfe für sie, wenn sie eine_n Ansprechpartner_in haben, der sie sich anvertrauen können. Sollten Sie sich für ein relativ offenes Weltbild entscheiden können, besteht die Möglichkeit, ihr Kind mit Schutzräumen, Wissen und Strategien, die Sie ihnen vermitteln, zu unterstützen. Bei dieser empowernden Erziehung unterscheide ich zwei Formen des Schutzraumes: den inneren und den äußeren Schutzraum.[27]

Was ist der innere Schutzraum?

Der innere Schutzraum ist der emotionale Schutzraum in sich selbst. Er hängt eng mit einem positiven Selbstwertge-

---

27 Zusammenfassung der Ergebnisse meiner Migrationsstudie *Akkulturationsstress von Migranten*.

fühl zusammen, das im Wesentlichen zu Hause in der Familie aufgebaut wurde. Es beinhaltet aber noch mehr als das.

Dieser Schutzraum steht für
1. ein inneres Wohlbefinden mit sich, Sicherheit und Stärke;
2. die Kenntnis darüber, warum sich andere Menschen in bestimmter Form zu mir verhalten;
3. das Selbstverständnis davon, eine Identität zu haben, mit der man sich selbst als zugehörig und wertvoll erlebt.

Das klingt nach einer großen Aufgabe für ein Kind, aber Kinder schätzen ihre Position in Gruppen sehr schnell und sehr genau ein. Das Selbstwertgefühl und den Prozess des Selbstverortens können Eltern mit entscheidenden Impulsen positiv beeinflussen. Indem Sie als Eltern bewusst offen mit Problemen umgehen, erreichen Sie, dass ihr Kind sich Ihnen anvertraut. Identitätsstiftendes Wissen über die eigene Religion/Herkunft/Kultur und die Erfahrung der Akzeptanz innerhalb der Familie runden diesen Schutzraum ab.

Elemente des inneren Schutzraumes

Aus folgenden Elementen setzt sich also der innere Schutzraum zusammen:

▶ Die Kenntnis über die Herkunft/Religion bietet die Chance, einen Gegenpol zu Stereotypen, die dem Kind entgegenschlagen, zu bilden. Es ist dann eher in der Lage zu verstehen, dass die (herabwürdigenden) Behauptungen über seine Herkunft/Kultur/Religion nicht stimmen.

▶ Mit der Erfahrung von Liebe und uneingeschränkter Akzeptanz in der Familie kann das Erlebte als etwas gesehen werden, das die eigene Wertigkeit nicht schmälert.

▶ Das Wissen über Stereotype und deren Mechanismen hilft, eine Strategie zu entwickeln, mit der das Erlebte in eine Reihe von Mustern eingeordnet werden kann, die mit der eigenen Person nichts zu tun haben.

Empowernde Erziehung – statt Tabuisierung

Im Zuge einer empowernden Erziehung wird dem Kind Stolz auf die eigene Herkunft und deren Status innerhalb der Gesellschaft vermittelt – idealerweise auch selbstbewusste Verhaltensstrategien (Vor-Augen-Führen der eigenen Fähigkeiten, Einfordern von respektvollem Verhalten, Aufbau emotionaler Distanz bei rassistischen Vorkommnissen). Diese können im Falle einer Ablehnungserfahrung eingesetzt werden und *hemmen* damit das Empfinden, verletzt zu sein. Fehlt es zu Hause hingegen an Gesprächen über die Herkunft und einer Vermittlung von Strategien im Umgang mit rassistischen Sprüchen/Situationen, führt dies beim Kind zu einem Gefühl des ›Ausgeliefertseins‹ (häufig einhergehend mit Minderwertigkeitsgefühlen). Fehlt es an einer empowernden Erziehung und wird kein Stolz auf die Religion/Herkunft vermittelt (oder ist sie unbekannt und tabuisiert), können Ablehnungserfahrung noch schwerer verarbeitet werden, da dem ablehnenden Umfeld nichts entgegengesetzt werden kann. Besteht jedoch eine solche ›Vorbereitung‹ auf herkunftsbezogene Ablehnungserfahrungen, wirkt diese *hemmend* auf das Stressempfinden. Dies belegen die Ergebnisse meiner Studie (2010). Sein Kind auf negative Erfahrungen vorzubereiten, heißt aber nicht, es in Angst und Schrecken zu versetzen. Es geht eher darum, zu vermitteln, dass wenn es zu Beleidigungen kommt

a) diese als Respektlosigkeit zu sehen sind, die mit der eigenen Person nichts zu tun haben
b) diese nicht hinnehmbar sind und
c) Sie, als Eltern (wenn nötig) dem Kind zur Seite stehen

Hier ein Beispiel für altersgerechte emotionale Vorbereitung auf Vorurteile und Stereotype:

Beispiel für eine Vorbereitung auf rassistische Äußerungen

In der Vermittlung von Wissen über Rassismus und Vorurteile ist es wichtig, sich dem Kind gegenüber sensibel zu zeigen und das Kind darauf vorzubereiten, was möglicherweise auf es zukommen kann (aber nicht muss). Es geht nur darum, die Präsenz von Vorurteilen zu erklären, sich aber nicht damit zu identifizieren. Dabei sollte darauf geachtet werden, dass dies altersgerecht stattfindet und nicht der Tenor dominiert ›Alle sind gegen dich‹. Vielmehr sollte dem Kind deutlich gemacht werden, dass dies für einige, aber nicht alle Kinder und Erwachsene in seinem Umfeld gilt.

Das könnte möglicherweise so klingen:

»In Deutschland leben Menschen unterschiedlicher Religion, Hautfarbe und Herkunftsgeschichte. Jeder Mensch hat Respekt für sich verdient – auch wenn er anders aussieht oder an einen anderen Gott glaubt. Es gibt einige Menschen, die denken, dass Menschen aus bestimmten Ländern weniger wert seien, oder sagen, sie seien dümmer, oder schauen auf andere Kulturen oder Religionen herunter. Diese Menschen, die andere schlechter behandeln, weil sie Muslime sind oder dunkle Haut haben, sind dumme Menschen. Ihre Gedanken sind Vorurteile, denn sie kennen die Person gar nicht, von der sie diese Dinge sagen. Was sie sagen ist nicht wahr, denn jeder Mensch ist unterschiedlich in seiner Persönlichkeit.«

Ältere Kinder und Jugendliche (ab 12 Jahren) sind auch in der Lage, Hintergrundwissen über Vorurteile zu verstehen. Wichtig bleibt der Grundtenor, nicht zu verallgemeinern.

Beispiel für einen differenzierten statt verallgemeinernden Umgang

Vorurteile sind verknüpft mit der Macht, über Andere zu urteilen, Andere zu definieren, Gruppen mit bestimmten Merkmalen Fähigkeiten oder Eigenschaften ab- und zuzusprechen. Vorurteilssensibel mit den Menschen in seiner Umwelt umzugehen, ist das genaue Gegenteil. Es bedeutet, darauf zu achten, wann man etwas behauptet, das für »alle, die so und so sind« gelten soll. Ein Kind kann sich nur schwer in einer Welt wohlfühlen, die ihm von vornherein als ablehnend vermittelt wird.

Ein Blick auf die Welt, in der nicht alles schwarz-weiß gezeichnet ist, sondern die bereit ist, alle Graustufen zu sehen, ist die Alternative. Das ist ein positiver Weg, den sie mit ihren Kindern (ab dem Schulalter) gehen sollten. Das Motto sollte sein: »Es gibt *einige* Menschen mit Vorurteilen und auch Rassisten – aber: nicht alle sind so.«

Konkret könnten Sie ihrem Kind z. B. Folgendes sagen:

»Denk nicht, alle hätten etwas gegen dich. Viele aus deinem Umfeld sind fair, mögen dich und sehen dich ohne Vorurteile. Es gibt eben einige da draußen, die haben es noch nicht gelernt, andere Menschen respektvoll zu behandeln. Gegen die kannst du dich mit meiner Hilfe wehren.«

Selbstfindung im inneren Schutzraum

Hat man es durch viele Gespräche geschafft zu vermitteln, dass es wichtig ist, sich von Projektionen zu distanzieren, kann im zweiten Schritt die Selbstfindung des Kindes jenseits dieser Projektionen stattfinden (über von Eltern vermitteltes kulturelles Wissen, Erfahrungen in geschützten Räumen, Gespräche, Selbstdefinitionen). Kinder und Jugendliche mit Migrationsgeschichte brauchen besondere Unterstützung, wenn sie Antworten auf die Frage »Wo gehöre ich hin?« suchen. In Deutschland in der zweiten und dritten Generation aufgewachsen zu sein, heißt, in einem Dilemma zwischen dem gefühlten Selbst und dem, was das deutsche Umfeld ohne Migrationsgeschichte mehrheitlich an deutschen Identitäten anbietet, zu leben. Es ist daher wichtig, über die eigene Familiengeschichte zu sprechen, z. B. zu erzählen, seit wie vielen Generationen die Familie schon in Deutschland lebt und dass deutsch zu sein auch sehr wohl für uns gilt: »Kann ich afrikanisch und deutsch sein?« »Warum eigentlich nicht?« Offene Diskussionen darüber helfen dem_der Jugendlichen (vielleicht auch in geschützten Räumen), dieses auszuloten. Offene, wertschätzende Erziehung, Wissen über die eigene Herkunft/Religion spielen in diesem Alter eine noch größere Rolle, um sich gegenüber Stereotypisierung abzugrenzen. Dann erst entsteht der Raum und die Freiheit, um mit sich selbst identisch zu sein.

Empowernde, diversitätssensible Kinder- und Jugendliteratur[28]

Auf Darstellung und ›Message‹ der Geschichten achten[29]
Schon im Kleinkindalter registrieren Kinder die Bewertungen ihres Umfeldes und versuchen, sich in diesem Konstrukt zurecht zu finden. Sie lernen, was ihr Umfeld als wertvoll ansieht und welches Aussehen, welche Sprachen und Länder Ansehen haben oder eher nicht. Die Kinder spüren, wenn eines oder mehrere ihrer Merkmale eher abwertend behandelt werden und fühlen sich deshalb ausgeschlossen. Bücher entführen uns

---

28 Eine Liste von Broschüren mit Literaturvorschlägen finden sich im Anhang des Buches.
29 Die Aussagen stützen sich auf die Broschüre *Interkulturelle Kinderbücher*, herausgegeben vom Verband Binationaler Partnerschaften, 2012.

in eine andere Welt, mit der wir uns identifizieren, Erfahrungen und Erlebnisse durchlaufen und Probleme mit Figuren lösen, in die wir uns hineinversetzen können. Literatur, Spiele, Videoserien, Puppen und Medien spielen eine zentrale Rolle dabei, dem Kind die Möglichkeit zu geben, sich zu >spiegeln<, sich selbst in positiven Zusammenhängen wiederzufinden. Wer Bücher sucht, in denen die Lebenswelten von Menschen unterschiedlicher Herkunft und Religionen klischeefrei dargestellt werden und selbstverständlicher Teil der Gesellschaft sind, hat es nicht leicht. Aber es gibt sie.

Diversitätssensible Kinderbücher, Medien und Filme bilden unterschiedliche Lebensrealitäten von Personengruppen in Text und Bild ab, ohne sie abzuwerten oder vorurteilsbehaftet darzustellen. In ihnen wird (optimalerweise) vielfältiges Zusammenleben von Menschen unterschiedlicher Herkunft und Religion als Normalität dargestellt. Kindern wird dadurch vermittelt, dass unterschiedliche Sprachen und ein vielfältiger kultureller Alltag einen Platz in der Gesellschaft haben und selbstverständlich dazugehören. Es lohnt sich, die im Anhang gelisteten Broschüren zu bestellen und sie auszuprobieren. Als Diversity-Trainerin möchte ich die Rolle von Repräsentationen in Büchern hervorheben. Auch Tupoka Ogette, Autorin des Bestsellers exit RACISM betont diesen Zusammenhang. Sie hebt die Rolle von Büchern für das Selbstwertgefühl und für die Verarbeitung von kindlichen Rassismuserfahrungen als unschätzbares Hilfsmittel hervor. In diesen (Kinder-)Büchern kann sich das Kind bzw. der Jugendliche mit seiner Religion, seinem Aussehen, seinen Erfahrungen und seiner Familie wiederfinden. Das wiederum unterstützt das positive Selbstwertgefühl und stärkt ein achtsames Miteinander. Kinder und Jugendliche mit Migrationsgeschichte brauchen Bücher, in denen ihresgleichen als handelnde Personen vorkommen. Bücher, in denen die ganze

Bandbreite menschlichen Erlebens wiederzufinden ist. Der Inhalt der Geschichte muss nicht vom ›Anders sein‹ oder von Diskriminierung handeln, sondern es kann z.B. auch um Freundschaft, Träume oder Geschwisterstreit gehen. So erleben sie, dass Vielfalt normal und bereichernd und ›anders zu sein‹ kein Makel ist. Schön wäre es, wenn auch andere Vielfaltsthemen – niedriger sozialer Status, körperliche Unterschiede, verschiedene Sprachen, Religionszugehörigkeiten und Familienmodelle – normal und wertschätzend dargestellt würden. Bücher und Medien, in denen Stereotype über Geschlechterrollen durchbrochen sind, helfen z.B. Menschen jeden Geschlechts sich später alles zuzutrauen. Mehr dazu in Erziehung zur Vielfalt (Madubuko, 2021b).

Mechanismen wie Ausgrenzungen können über Tier- oder Fantasiegeschichten thematisiert und mögliche Lösungen aufgezeigt werden. Dennoch muss hier genauer hingeschaut werden. Denn es kommt zudem auf die Haltung der handelnden Personen an. Wenn Held_innen erst durch eine besondere Leistung beweisen müssen, dass sie dazuzugehören, ist die Botschaft zweischneidig.

Darauf verweist Nina Wilkens in ihrer Broschüre *Vielseitig – Lesenswerte Bücher*:

> »Oft müssen Menschen, die als ›anders‹ beschrieben werden, in solchen Erzählungen erst etwas Großartiges leisten, um anerkannt zu werden, oder – trotz aller Demütigungen, die ihnen die Mehrheit zufügt – die besseren Menschen sein. Diese Bücher, die wir als kontraproduktiv für das Zusammenleben erachten, wird man in dieser Broschüre vergeblich suchen.« (S. 3)

Um Widerstandsfähigkeit zu lernen, brauchen jüngere Kinder zudem Geschichten, in denen Probleme angegangen werden. So lernen sie, dass es sich lohnt, in schwierigen Situationen die eigenen Kräfte zu mobilisieren und soziale Hilfe anzunehmen. Märchen wie *Dornröschen* sind aus der Perspektive der Selbstermächtigung kritischer zu sehen, da die Geschichte den Eindruck vermittelt, dass man auch durch passives ›schlafen‹ gerettet werden könnte (in diesem Fall von einem ›Prinz‹). Hier sollte man als Eltern überlegen, welche Philosophie man in der Gute-Nacht-Geschichte vermitteln will. Geschichten, in denen Probleme von dem_der Held_in selbst in die Hand genommen oder in denen Ungerechtigkeiten solidarisch gelöst werden, vermitteln aus empowernder Perspektive die besseren Botschaften.

Beispiel für ein interkulturelles Buch ab 6 Jahre mit einem afrodeutschen Helden

»Das Wort das Bauchschmerzen macht« von Nancy J. Della

Protagonisten der Geschichte sind Schwarze deutsche Zwillinge. Erzählt wird aus der Ich-Perspektive des einen Bruders mit Namen Lukas. In der Schule wird im Unterricht das N-Wort verwendet. Lukas kommt nach Hause und fühlt sich schlecht, weil das Wort erniedrigend für ihn ist, traut sich aber nicht, etwas zu sagen. Es kommt zum Streit mit Jan, einem Mitschüler, der das Wort rechtfertigt. Verteidigt wird Lukas von einer Freundin, einem Mädchen mit Kopftuch, die die Beschimpfung miterlebt hat und sich auf seine Seite stellt. Beide werden jedoch von der Lehrerin gerügt: »Was Jan gesagt habe, sei nicht so schlimm, sie dürften ihn deshalb nicht einfach von ihrem Spiel ausschließen.« Nachdem die Eltern seine Traurigkeit mitbekommen und nachgefragt haben, erzählt Lukas, was passiert ist. Lukas' Mutter telefoniert daraufhin mit der Mutter von Jan. Lukas' Vater wiederum geht zur Schulleitung. Es gibt ein Gespräch zwischen den Eltern. Die Schulleitung geht im Anschluss daran in die Klasse und bespricht im Gespräch den Umgang mit rassistischen Wörtern. Jan malt ein Bild für Lukas zur Entschuldigung. Die Lehrerin verlässt die Schule.

Das Buch erfüllt (exemplarisch) die oben beschriebenen Kriterien für empowernde Literatur: Es zeigt eine afrikanisch-deutsche Familie sowie eine Schule mit Kindern aus unterschiedlichen Herkunftsländern und unterschiedlicher Religion. Die Geschichte erzählt exemplarisch mit einfachen Kinderworten das Gefühlsleben eines Kindes, welches Rassismus erfährt und zeigt einfühlsam, welche Wege der Klärung den Eltern offenstehen sowie welche problematischen Verhaltensweisen des Lehrpersonals die Situationen erschweren können. Das Buch ist schön illustriert und hat ein erklärendes Nachwort der Autorin, welches die Hintergründe einer solchen Erfahrung nochmals für den_die erwachsene_n Leser_in erläutert.

Mehrsprachige Kinderbücher

Falls mehrere Sprachen in der Familie gesprochen werden, helfen in einer empowernden Erziehung Bücher, die die Mehrsprachigkeit der Familie unterstützen. Die Sprache, die innerhalb der Familie gesprochen wird, ist wichtiger Schlüssel zur Lebenswelt der Kinder, unterstützt deren Identitätsentwicklung und stärkt deren Bindung zur Familie. Beste Voraussetzungen zum Gelingen der Mehrsprachigkeit ist, wenn zu Hause, neben der Umgebungssprache Deutsch, parallel die eigene Sprache über Hörspiele, Lieder, den mündlichen Dialog und über mehrsprachige Bücher[30] gefördert wird.

---

30 Eine Übersicht zu mehrsprachigen Büchern findet sich unter der Rubrik ›Broschüren‹ im Anhang des Buches.

Handlungsrahmen innerer Schutzraum

Aufbau eines positiven Selbstwertgefühls:
▸ Zeigen Sie ihre Liebe und uneingeschränkte Akzeptanz in der Familie.
▸ Vermitteln Sie Wissen über Religion und Herkunft und zeichnen Sie dabei ein positives, aber auch realistisches Bild (d. h. ohne alles zu idealisieren).

Empowernde Erziehung:
▸ Hören Sie ihren Kindern aufmerksam zu.
▸ Tabuisieren Sie das Thema Vorurteile und Rassismus nicht.
▸ Nehmen Sie die Erfahrungen der Kinder ernst.
▸ Vermitteln Sie altersgerecht, dass es Menschen mit Vorurteilen gibt.
▸ Vermeiden Sie Verallgemeinerungen bei der Vorbereitung auf Rassismus.
▸ Ängstigen Sie ihr Kind nicht.
▸ Wählen Sie bewusst diversitätssensible Kinder- und Jugendbücher, in denen ihre Kinder sich und viele weitere Vielfaltsformen wertschätzend wiederfinden. Bücher, mit denen man Probleme ansprechen kann und die zeigen, dass sie gelöst werden können.

6
Äußerer Schutzraum

Neben dem inneren Schutzraum benötigt das Kind/der_die Jugendliche im Alltag aber auch Akzeptanz-Räume. Diese im Alltag des Kindes zu schaffen und in das Leben einzubauen, stärkt dessen Selbstwertgefühl.

Aber was ist mit Akzeptanz-Raum genau gemeint? Gemeint ist ein Ort (außerhalb von zu Hause), an dem das Kind so angenommen und so wie es ist akzeptiert wird – als individuelle Person. Ein Ort, an dem man Gleichgesinnte trifft und ein sprachsensibler und respektvoller Umgang miteinander herrscht. Ein Ort, an dem Beschimpfungen und Verallgemeinerungen unwahrscheinlich sind, weil man bewusst darauf achtet und diese unerwünscht sind. Solche geschützten Räume im Umfeld können die Community, der diskriminierungssensible Freundeskreis, die Diaspora oder eine empowernde Jugendgruppe sein.

Die Bedeutung von sozialen Kontakten zur Community

Der Mensch ist ein soziales Wesen. Einer Gemeinschaft (Community) anzugehören, ist ein Grundbedürfnis, weil man hier Geborgenheit erleben, sich als Person widerspiegeln und bestätigen kann. Die Anerkennung als Person gehört dazu.

Gemeinsame Kultur, Herkunft, Hintergrund, Religion oder eine spezifische interkulturelle Erfahrungswelt können einen entsprechenden Rahmen und dem_der Einzelnen das Gefühl von Zugehörigkeit bieten. Man hat einen Platz in solchen Communitys, ist Bestandteil eines größeren, schöneren Ganzen, in dem man als wertvoll erlebt wird und zu dem man etwas beitragen kann. Solche vorurteilssensiblen Räume mit Gleichgesinnten wirken sich positiv auf das Selbstwertgefühl aus, weil in diesen Räumen »alle so sind wie ich«. Alle Befürchtungen darüber, welche negativen Gedanken in den Köpfen der anderen stecken, fallen weg. So fällt es dem Kind leichter, sich zu öffnen. Daher ist es unter dem Gesichtspunkt des Empowerments sehr wichtig, dass Ihr Kind soziale Kontakte zu solchen Gemeinschaften unterhält. Und Ihre Aufgabe als Eltern ist es, ihnen diesen Kontakt zu ermöglichen.

Akzeptanzerfahrungen und Freundschaften mit Kindern/Jugendlichen ohne Migrationshintergrund

Soziale Gemeinschaften, in denen die eigene Herkunft als Normalität erfahren wird, wirken unterstützend. Es ist aber nicht so, dass Freundschaften mit Kindern/Jugendlichen ohne Migrationsgeschichte damit ausgeschlossen oder unerwünscht wären. Das Gegenteil ist der Fall. Gerade diese Freundschaften mit denen, die einen sonst zum ›Anderen‹ machen und ›potenziell‹ beschimpfen, wirken relativierend und helfen, das Erfahrene nicht auf ›alle‹ zu übertragen. Die Fähigkeit zu differenzieren schützt die Kinder/Jugendlichen davor, selbst in Klischees und Vorurteile über »die weißen Deutschen« zu verfallen. Die eigene Erfahrung (»Es gibt solche und solche«) kann ihnen somit helfen, offen und respektvoll allen Menschen gegenüber aufzutreten.

Exkurs: Empowerment-Arbeit in Jugendgruppen

Im Folgenden wird exemplarisch die Arbeit von identitätsstiftenden Jugendgruppen vorgestellt. Die vorgestellten Gruppen sind Muslime, Sinti/Roma und Juden. Es handelt sich hierbei um eine Zusammenstellung auf der Basis von persönlichen Interviews, die ich mit afrodeutschen Jugendlichen der *Black Diaspora School* und den Expert_innen Merfin Demir (Sinti/Roma), Benjamin Fischer (Juden), Du A Zeitun (Muslime) geführt habe.[31] Die von ihnen geschilderten Erfahrungen zeigen, dass es für Kinder und Jugendliche, die von stereotypen Zuweisungen und Diskriminierungen betroffen sind, viele Überschneidungen in den Problemlagen gibt. Ihre Erzählungen bieten zudem Beispiele, wie es aussehen kann, mit der unterstützenden Kraft von Empowerment in >geschützten< Räumen seine Identität auszuloten.

Die *Black Diaspora School*, Berlin[32]
Jugendgruppe mit afrikanischer und afrodeutscher Herkunft

Problematik einer afrodeutschen Identität

Kinder von Afrikaner_innen und Deutsche mit afrikanischen Herkunftsbezügen leben zum Teil in der dritten oder vierten Generation in Deutschland. Viele von ihnen sind mit Deutschen verheiratet und haben wiederum Kinder. Afrodeutsche und Schwarze Menschen mit Migrationsbiografie sind eine alte, quantitativ kleine und heterogene Migrant_innengruppe, die eng mit Deutschland verbunden ist.

---

31 Es handelt sich hier um eine Zusammenfassung von Einschätzungen der Jugendlichen, die sie mir in persönlichen Interviews dargelegt haben.
32 Dieses Unterkapitel basiert auf Interviews mit Jugendlichen der Black Diaspora School.

Afrikanischer Herkunft zu sein, bedeutet aber auch, oft mit kolonialrassistischem Gedankengut zu Schwarzen Menschen konfrontiert zu sein. Einer Identifikation mit Deutschland steht die Schwierigkeit gegenüber, dass man von Lehrer_innen, Schüler_innen und allgemein den Bürger_innen in ein bestimmtes Bild gezwungen wird. So kostet es viel Kraft, als Schwarze Person eine selbstbestimmte Identität aufzubauen. Denn diese selbstbestimmte Identität (z.B. als Afrodeutsche oder Schwarze Berlinerin) prallt immer wieder auf das festgefahrene Bild von dem_der ›primitiven und exotischen Afrikaner_in‹, das sich hartnäckig in den Köpfen der Mehrheitsbevölkerung hält. Andere Identitäten, die z.B. Schwarzsein und deutsche Identität verbinden, werden nicht akzeptiert oder respektiert. Nach dem Motto: »Du kannst nicht deutsch sein, wenn du Schwarz bist.« Sich von Stereotypen frei zu machen, ist ein Kampf, den die Jugendlichen als Kampf gegen internalisierte Rassismen beschreiben.

Für die Jugendlichen ist es daher wichtig, zuerst sich selbst rassistische Denkstrukturen in ihrem Umfeld bewusst zu machen und zu erkennen, wo sie rassistisch behandelt und diskriminiert werden – und auch wo die geschichtlichen Ursprünge liegen. Darauf aufbauend können sie dann eine eigene – von diesen Denkstrukturen losgelöste – Identität entwickeln.

Stereotype gegenüber »Afrikaner_innen«, mit denen afrodeutsche Jugendliche konfrontiert sind

Nach den Erfahrungen der *Black Diaspora School* (BDS) wird man als Schwarzer Mensch u.a. als ›exotisch‹ abgestempelt. Weiße Deutsche schreiben Schwarzen Menschen eine geringere Intelligenz, fehlende Kulturleistungen (sog. »Primitivität«), starke Sexualisierung, oder vermeintlich positiv, eine besondere Sportlichkeit zu. Blickt man in die Geschichte, wurden Afrikaner_innen sogar mit Tieren gleichgesetzt und dementsprechend auch so behandelt. Leider sind die heutigen Bilder über Afrikaner_innen weiterhin nicht frei von kolonialrassistischer Prägung, sagt eines der Mädchen. Die Mädchen der *Black Diaspora School* präzisieren die Zuschreibungen weißer Menschen u. a. so:

Schwarze seien laut, also auch unangenehm.

Schwarze seien lustig, also nicht ernsthaft.

Schwarze seien emotional, also nicht rational.

Schwarze hätten nicht so viel Hirn, könnten aber gut singen und tanzen.

Schwarze Menschen werden also als »Antithese« zu den sich selbst erfunden Zuschreibungen weißer Menschen (»rational«, »entwickelt«, »modern« usw.) konstruiert.

Diskriminierungserfahrungen in der (Regel-)Schule

Die jugendlichen Mädchen der BDS haben das Gefühl, in einem Bildungssystem aufzuwachsen, welches zum Teil rassistisch ist, sie nicht wertschätzt, aber systematisch Unwissenheit und Arroganz unter Schüler_innen aufbaut. Neben den beschriebenen Stereotypisierungen, mit denen sie »in eine Schublade gesteckt werden«, berichten sie auch von zum Teil schlechteren Benotungen aufgrund ihrer afrikanischen Herkunft. Rassistische Begriffe, wie das N-Wort, werden zudem im Unterricht unkommentiert gelassen.

Stark kritisieren sie den zum Teil diskriminierenden Umgang von Lehrer_innen und die, aus ihrer Sicht, einseitige Vermittlung von Inhalten, die die weiße Perspektive als einzige »Wahrheit« vermittle. Es würde im Unterricht nur die Geschichte der Europäer_innen erzählt:

> »Statt immer nur bei den Opfern zu verweilen und die Widerstände, die Held_innen Afrikas und der afrikanischen Diaspora sowie der

Revolutionen, die Dichter_innen und Denker_innen, die unsere Geschichte hervorgebracht haben, zu verschweigen, sollten die Ideologien der weißen Europäer_innen, ihre Handels- und Hegemonialbestrebungen Thema sein. Wir sollten von der anderen Seite der Medaille ›Aufklärung‹ wissen und die Eugenik nicht erst im Zusammenhang mit dem Nationalsozialismus, sondern der Kolonialgeschichte kennenlernen.«

»Um mir genau die Eigenschaften, die mir in der Schule weggenommen werden, z. B. Selbstbewusstsein, wieder zurückzuholen, brauche ich meine Geschichte. Mir wird in leider so einigen Fällen zu 99% Müll beigebracht.«

Mitglieder der Black Diaspora School

Ihre Kritik gegenüber rassistischen Begriffen im Unterricht oder einseitiger Unterrichtsinhalte stößt bei den Lehrer_innen zumeist auf Abwehr oder Unverständnis – da diesen ihre eigene Perspektive nicht bewusst ist. In der ihrer Jugendgruppe *Black Diaspora School* hingegen ist der Blick auf die eigene Perspektive zentral.

Jugend-Empowerment für Schwarze Jugendliche: *Black Diaspora School*

In der *Black Diaspora School* treffen sich einmal in der Woche 10-15 Jugendliche afrikanischer Herkunft (zumeist Mädchen ab 13 Jahren), um sich gemeinsam zu engagieren, zu lernen und zu lachen. Die *Black Diaspora School* (BDS) ist Teil des Projektes *Each one Teach one e. V.* (EOTO)[33], ein Community-basiertes Bildungs- und Empowerment-Projekt in Berlin. Als Ort der Begegnung und des Lernens stellt EOTO Literatur von Menschen afrikanischer Herkunft und der afrikanischen Diaspora vor und vermittelt u. a. Wissen im Dialog zwischen den Generationen. Hier wird jeder unabhängig vom Alter ernst genommen. Die Präsenzbibliothek mit mehr als 2.500 Werken aus der Geschichte

---

33 http://eoto-archiv.de

und Gegenwart Schwarzer Menschen – von Autor_innen des afrikanischen Kontinents und der Diaspora – bieten ihnen die Möglichkeit, außerhalb der Schule über ihre Geschichte zu lernen. Die beiden Mottos der selbstorganisierten Schwarzen Jugendlichen lauten: »*So viel Wissen wie möglich aufzusaugen, denn Wissen ist Macht, das kann uns keiner wegnehmen*« und »*Sei du selbst die Veränderung*«. Saraya Gomis, EOTO-Mitarbeiterin und Lehrerin, begleitet die Gruppe, wobei die Jugendlichen ihre Aktivitäten selbst bestimmen. EOTO bietet die Räumlichkeiten, unterstützt und ermutigt sie, sich Wissen anzueignen, und hilft ihnen bei der Erreichung ihrer Ziele.

Die Themen, die die Jugendlichen der BDS behandeln, sind die Basis für die kritische Haltung, die die Jugendlichen im Laufe der Zeit entwickeln konnten. Bei der BDS lernen sie mehr über afrikanische Geschichte, literarische Vorbilder und Menschenrechte und reden miteinander darüber. Sie treffen sich auf Veranstaltungen, geben selbst Seminare für andere, es gibt die Möglichkeit der Hausaufgabenbetreuung und es werden Ferienaktivitäten angeboten. Alles zusammen wirkt wie eine Gegenerfahrung zu den Negativerfahrungen in der Regelschule oder den Sprüchen im Alltag.

Jeden letzten Freitag im Monat sind Schwarze Jugendliche zum *Black Youth Friday* eingeladen – um sich auszutauschen, Musik zu hören, zu essen ...

Selbstermächtigung durch Wissen und Engagement

Auf die Frage, was die *Black Diaspora School* für die Jugendlichen bedeutet, antwortete eine Jugendliche aus der Gruppe mit folgenden Worten:

> »Wir machen uns groß, stark und gebildet in einem für uns geschützten Kommunikationsraum, um dann von unserer Welt der Vielfalt

wirklich partizipieren zu können und unser Wissen im Sinne von EOTO an alle weiterzugeben, die wissbegierig und neugierig sind.«

Für die Mitglieder der Gruppe spielt es eine wichtige Rolle, Autor_innen der Diaspora zu lesen, sich mit diesem Wissen geschichtlich zu verorten und damit eine Basis für eine selbstbewusste kritische Haltung zu entwickeln.

> »Die Black Diaspora School mag nur ein kleiner Raum sein, mit vielen Büchern gefüllt; doch diese Bücher sind unser täglich Brot und das Herzstück der Schule. Die BDS ist der Beweis dafür, dass die Kämpfe Schwarzer Menschen, früher und heute nicht umsonst waren und sind. Durch die BDS verstärkt sich unser Selbstbewusstsein. Wir erhalten die Autor_innen, die uns umgeben, am Leben und lassen sie wissen, dass alles, was sie taten, nicht umsonst war und ist.«
>
> Mitglied der Black Diaspora School

Eine geschützte Gemeinschaft zum »Auftanken«

Alle Jugendlichen der Black Diaspora School haben Rassismus am eigenen Leibe erfahren.

Eine Jugendliche beschreibt die BDS als ein Zuhause, wo man weinen und auch mal schreien kann. Ein Ort, wo man mit Gleichgesinnten reden und sich austauschen kann, ohne sich erklären zu müssen, weil die anderen dasselbe durchmachen. Dort kann Liebe und Zuneigung erlebt und »böse Energie« einfach »umgewandelt werden«. Die Jugendlichen schaffen sich selbst einen Ort der »Sicherheit und Geborgenheit«, einen geschützten Raum, indem sie einander stärken und Halt geben. Wichtig für sie ist der Austausch der Gedanken und jener Fragen, die man hier (im Gegensatz zur Schule) ohne Scham stellen kann.

> »Sie bedeutet einfach alles für uns. Wir haben uns lieben gelernt, die wahre Bedeutung von Zusammenhalt verstanden und gelehrt bekommen. Und das macht uns im Großen und Ganzen zu einer wundervollen Familie, die sich zuhört, mit der du über einfach alles sprechen kannst. Das ist sonst so gut wie nie möglich.«

»Sie gibt mir die notwendige Energie, die ich brauche, um einen Scheißtag zu überleben. Es genügt mir einfach, an die wunderschönen Menschen zu denken, und ich bin wieder glücklich ... Die geschützte Gemeinschaft hat mir eine Menge Last genommen.«

Mitglied der Black Diaspora School

Aktiv gegen Rassismus und Diskriminierung im Bildungssystem

Der_die einzige Schwarze zu sein und deshalb ›anders‹ behandelt zu werden, ist eine Erfahrung, die sie in ihrem Wunsch zusammenschweißt, sich gegen Diskriminierung einzusetzen. Die *Black Diaspora School* erhielt als Jugendgruppe für ihr herausragendes eigenständiges Engagement gegen Diskriminierung den Jugendpreis der Antidiskriminierungsstelle des Bundes 2015. Ihre Aktivitäten reichen von einem Workshop im Rahmen des Berliner Menschenrechtstages über Sprachkurse, die sie für Flüchtlinge organisiert haben, bis hin zur Mitwirkung an der Anthologie *Sisters & Souls* (hrsg. von Natasha A. Kelly) in Gedenken an die afrodeutsche Lyrikerin und Aktivistin May Ayim. Letztes Jahr entwickelten sie ein Konzept für eine Beschwerde- und Anlaufstelle gegen Rassismus in der Schule[34], damit mehr Jugendliche die Chance haben, aktiv zu werden. Im Rahmen dieser Konzeptentwicklung befassten sich die Jugendlichen mit der Vielfalt von Diskriminierungsmöglichkeiten. Ihr Traum ist es durch den Aufbau dieser Beschwerdestelle und durch Workshops, Filme, Veranstaltungen etc. andere Schwarze Jugendliche zu empowern und ihre eigene Community aufzubauen:

---

34 Mittlerweile sind sie Teil des Netzwerkes *BeNeDisk*, ein Netzwerk gegen Diskriminierungen in Schulen und Kitas, welches im März 2016 sein ›policypaper‹ zu einer solchen Anlaufstelle der Öffentlichkeit vorstellen wird.

»Wir engagieren uns in der BDS, weil wir uns hier empowern und nicht mehr Empfänger_innen der Auswirkungen bestimmter Strukturen und Umstände sind, sondern uns selbst ermächtigen, Verantwortung für unsere Gesellschaft zu übernehmen.«

»Wir können etwas bewegen, sagen, berichten, verändern. Alleine und zusammen.«

Mitglieder der Black Diaspora School

Kinder und Jugendliche der Sinti und Roma [35]
Problematik einer deutschen Sinti/Roma-Identität

Sinti und Roma sind Volksgruppen, die in verschiedenen europäischen Ländern aufwachsen und leben. Da für die Mehrheitsbevölkerung eine deutsche Identität immer noch mit der Hautfarbe und einem eindeutigen Bezug zur Nation verbunden ist, lassen sich dunkelhäutiges Aussehen und länderübergreifende Lebensformen in ihren Augen nicht mit deutscher Identität in Einklang bringen. Eine deutsche Sozialisierung oder das Sprechen der deutschen Sprache bedeuten nicht, als Deutsche_r wahrgenommen oder akzeptiert zu sein. Dieser Umstand macht die Entwicklung einer Identität zu einer Herausforderung für in Deutschland lebende Sinti und Roma.

Im Allgemeinen wird zudem eine einheitliche und eindeutige Identität angenommen, während es in Wahrheit zahlreiche hybride Formen und eine Vielzahl von deutschen Identitäten gibt. Um diesem Umstand Rechnung zu tragen, aber auch um den vorurteilsbehafteten Fremdbezeichnungen etwas entgegenzusetzen, bezeichnen sich viele Sinti und Roma

---

35 Expertengespräch mit Merfin Demir von TernoDrom e. V., einer interkulturellen Jugendorganisation in NRW mit Sitz in Düsseldorf. Er ist Gründungsmitglied und Pädagogischer Mitarbeiter (seit 2010) zudem Projektleiter für Jugendgruppen und Trainer für interkulturelle Kompetenz.

als People of Color (PoC), ein politischer Begriff für Menschen, die aufgrund ihrer Hautfarbe diskriminiert werden.

Vorurteile und Stereotype über Sinti und Roma

Im Alltag wird Sinti und Roma vielfach eine Selbstbezeichnung abgesprochen. Stattdessen werden sie in vielfältiger Weise stigmatisiert und diskriminiert. In der Regel wird ihnen immer noch die politisch nicht korrekte Fremdzuschreibung ›Zigeuner‹ zugewiesen. Dieses rassistische Stereotyp impliziert folgende Vorurteile:

Sinti und Roma

► haben keine richtige Kultur,
► sind eine soziale Randgruppe,
► haben keine Bildung,
► gehen keinem geregelten Beruf nach.

Darüber hinaus gibt es noch die Form des positiven Rassismus, die sich in romantisierenden Vorstellungen über eine angeblich angeborene Musikalität oder einem heißblütigen Temperament widerspiegelt.

Die weiße deutsche Mehrheitsgesellschaft habe dieses Bild von ›dem Zigeuner‹ verinnerlicht und trage es noch immer von Generation zu Generation weiter, so Merfin Demir. Selbst ›politisch korrekte‹ Medien reproduzieren in ihrer Berichterstattung solche ›Zigeunerstereotype‹. Eine positiv besetzte Roma-Identität mit deutschen Wurzeln innerhalb dieser Projektionsfläche aufzubauen, ist daher extrem schwierig. Da die zugeschriebenen Eigenschaften fast ausschließlich aus Defiziten bestehen, fehlt es an wertschätzenden Erfahrungen und positiven Gegenentwürfen.

Stigmatisierung von Sinti/Roma-Kindern und -Jugendlichen

>Der Umgang von Sozialarbeiter_innen und Lehrer_innen in Schulen und Jugendzentren ist ein Desaster. Das ›Roma-Kind‹ zu sein, ist automatisch ein Indikator dafür, Probleme zu machen.« (Merfin Demir)

Sobald schwächere Schulleistungen vorliegen, besteht nach der Erfahrung von Merfin Demir in oben genannten Berufsgruppen die Tendenz, die Volkszugehörigkeit als Begründung für die Bewertung heranzuziehen, unabhängig davon, ob das Kind aus einer Akademikerfamilie oder einer sozial schwächer gestellten Familie kommt.

Andere diskriminierende Erfahrungen sind: kein Einlass in öffentliche Räume (z.B. Disko), negative Voreinstellungen im Schulumfeld, automatische Schuldzuweisung bei Diebstählen und anderen ›Vergehen‹, häufigere Personenkontrollen durch Polizei (sog. Racial Profiling). Kinder und Jugendliche versuchen deshalb täglich, das Vorurteil vom ›Zigeuner‹ mit dem eigenen Verhalten zu widerlegen oder erst gar nicht zu erzählen, dass sie Sinti/Roma sind. Das bedeutet Stress, ein Druck, der permanent auf ihnen lastet.

>Der Mensch wird nicht als Individuum gesehen, stattdessen werden ihm kollektive Eigenschaften zu- bzw. abgeschrieben.« (Interview mit Merfin Demir)

Der Umgang mit der Stigmatisierung: die Identität verleugnen oder sich outen?

Sobald sich ein Kind bzw. ein_e Jugendliche_r seinem Umfeld gegenüber als Roma kenntlich macht (sich ›outet‹), muss es mit negativen Konsequenzen in allen Lebensbereichen rechnen: Diskriminierung in der Schule, Diskriminierung bei der Arbeitssuche, Schwierigkeiten bei der Suche von Freund_innen.

Merfin Demir hält es daher für unumgänglich, dass Sinti und Roma ihre Roma-Identität verheimlichen:

> »Es ist existenziell wichtig, den Roma-Teil in Deutschland zu verheimlichen, um zu überleben, weil man sonst keinen Job bekommt.«

> »Aber jeder muss das für sich entscheiden. Gesammelte Erfahrungen führen dazu, dass viele Eltern oder Freunde abraten, sich öffentlich zu seinem Volk zu bekennen. Viele bleiben unerkannt. Die meisten Jugendlichen wählen die Doppelstrategie: Sie nennen sich selbst Italiener, Albaner oder Türken und verheimlichen ihre Teilidentität Roma.«

> »Wir haben zwei Gesichter: das, was wir vorspielen müssen (über Konditionierung erlernt), und das wahre Gesicht, so wie wir sind, wenn wir unter uns sind. Wir haben uns lange daran gewöhnt, uns in Mustern und Kategorien zu bewegen.«

(Interview mit Merfin Demir)

Identitätsstiftende Jugendarbeit mit Sinti und Roma am Beispiel von *TernoDrom e. V.*

Empowerment ist die Kernaufgabe der Jugendarbeit bei *TernoDrom e. V.* Sich selbst zu ›ermächtigen‹ kann jedoch im Einzelfall in der Jugendarbeit unterschiedlich aussehen. So gibt es nicht einen, sondern viele individuelle Wege zu Empowerment. Die Jugendgruppe ist ein Schutzraum, in dem Fixpunkte zur Orientierung gegeben werden. Das eigentliche Aushandeln der Identität leisten die Jugendlichen jeder für sich selbst. Im Verein werden Konzepte und Projekte selbst entwickelt und in Zusammenarbeit mit der Sinti/Roma-Community umgesetzt. Die Jugendgruppe bietet die Möglichkeit und den Raum:

- ▸ um sich selbst zu definieren (es gibt aber keine Vorgaben, wie diese Definition auszusehen hat);
- ▸ um Fragen wie »Wer sind wir?«, »Woher kommen wir?« beantwortet zu bekommen;

- um die jeweilige Herkunftssprache zu sprechen
- um Selbstbewusstsein als Sinti / Roma zu entwickeln und sich zu emanzipieren
- um Wertschätzung für die eigene Persönlichkeit und die eigenen Leistungen zu erfahren (diese wirkt als Gegenpol zu den Diskriminierungserfahrung, die die Kinder und Jugendlichen erleben, wenn sie sich in Schule und Alltag outen);
- um Selbstaufwertung zu erfahren, z. B. über ein Fußballspiel, eine Fahrt nach Berlin, das Schreiben eines Rap-Songs oder einen Theaterworkshop über die eigene ›Lebenswelt‹.

Was passiert bei einer ›Selbstaufwertung‹?

Selbstaufwertung ist eine essenzielle Gegenerfahrung zu Diskriminierungserfahrungen im sonstigen Umfeld. In einer der Jugendgruppe von *TernoDrom* gab es zum Beispiel einen Roma-Jungen, der sich erstmals bei einem Roma-Theaterworkshop als Roma nicht allein gefühlt hatte. Nach dem Workshop traute er sich zum ersten Mal, einer ihm bekannten Sozialarbeiterin direkt in die Augen zu schauen. Über Jahre war er in Gesprächen stets ihrem Blick ausgewichen. Die Erfahrung in der Gemeinschaft hatte seine Roma-Identität immens gestärkt. Zum ersten Mal war er stolz auf seine Abstammung.

Die Familie als persönlicher Schutzraum

Die Familie bildet bei vielen Sinti / Roma einen persönlichen Schutzraum, in dem man so sein kann, wie man ist. Vorgaben und Freiheit halten sich idealerweise die Waage.

Für Merfin Demir war Familie der Ort, an dem er aufgehoben war. Seine Eltern vermittelten ihm Wissen über politische Hintergründe sowie die Geschichte und Kultur der Roma. Offene Gespräche und Diskussionen zu Hause wirkten zudem stärkend auf seine Identität. Er erfuhr eine elterliche Vorbereitung auf Vorurteile beispielsweise mit Sätzen wie: »Mit Ausgrenzung muss man rechnen«.

In vielen Familien der Sinti und Roma sind die Ansichten und Meinungen jedoch von überlieferten Traditionen beeinflusst. Der Regelfall ist, nicht wie bei der Familie Demir, dass man zu Hause lernt, sich nicht zu ›outen‹, um nicht diskriminiert zu werden. Vielmehr wird mit den Traditionen oftmals auch ein verinnerlichter gesellschaftlicher Status vermittelt.

Muslimische Jugendliche[36]
Problematik einer muslimisch-deutschen Identität

Ähnlich wie andere ›Minderheiten‹ in Deutschland sehen sich Muslime mit einem sehr engen Definitionsrahmen für Deutschsein konfrontiert. Ihr Problem ist nun, dass alles, was sie ausmacht, den gängigen Kriterien für eine ›deutsche Identität‹ widerspricht: sie sprechen womöglich eine andere Sprache, tragen einen ausländischen Namen, haben eine dunklere Haarfarbe, tragen ein Kopftuch, sind nicht Christ oder haben vielleicht ein Elternteil ausländischer Herkunft. Diese Ausschlusskriterien erleben die Jugendlichen im tagtäglichen Miteinander. Dabei sind selbst freundlich gemeinte Fragen häufig mit einer Zuordnung verbunden, die ihnen auf diese Weise verdeutlicht, dass sie nicht dazugehören. Die Frage »Wo kommst du her?« an eine Muttersprachlerin erscheint immer dann passend, wenn die Jugendliche ein Kopftuch trägt. Dass es in Deutschland 4,2 Millionen

---

36 Experteninnengespräch mit Du A Zeitun, Vorsitzende der *Muslimischen Jugendcommunity Osnabrücker Land e. V.*, Pädagogische Mitarbeiterin in der kath. Landvolkshochschule Oesede, Mitarbeiterin in der Arbeitsgruppe *Interreligiöser Dialog Osnabrück*.

Muslime gibt und viele davon in der zweiten oder dritten Generation hier leben, wird einfach komplett ausgeblendet. Zudem werden sie häufig auf ihre Religion reduziert. Dass der Islam nur einer von vielen Aspekten ihrer Persönlichkeit ist (und nicht unbedingt der prägendste), passt nicht in das eindimensionale Denken vieler Menschen in der deutschen Mehrheit.

Vorurteile und Stereotype über Muslime

Obwohl es im Miteinander von Schüler_innen oder allgemein im Alltag von muslimischen Jugendlichen konfliktfreie Tage und Wochen geben mag, gehört der Umgang mit Vorurteilen und Vorverurteilungen zu ihrem Lebensalltag. Muslimische Mädchen, die ein Kopftuch tragen, gelten weithin als ›ausländisch‹ und werden nur aufgrund ihrer Religionszugehörigkeit automatisch als ›unterwürfig‹ angesehen. Jungen müssen mit den Vorurteilen umgehen, ›Machos‹ zu sein, in der Familie den Mädchen vorgezogen zu werden, eine höhere Gewaltbereitschaft zu haben und in besonderem Maße ›unter sich sein‹ zu wollen, d. h. Kontakte zu Deutschen ohne Migrationsgeschichte zu meiden. Muslimische Jugendliche, die sich deutsch fühlen möchten, wird neben den ausgrenzenden Argumenten des gesellschaftlichen Umfeldes oft auch innerhalb der Familie eine klare Vorgabe gemacht, sich nicht als Deutsche zu sehen, sondern z. B. als Türk_innen, Syrer_innen oder Jordanier_innen. Die Jugendlichen befinden sich daher oft in einem Spannungsfeld zwischen Außenwelt und Elternhaus, eine klare Positionierung ist ihnen oft nicht möglich. Wenn sie sich dann z. B. doch als ›Türken‹ definiert haben, bekommen sie häufig trotzdem keine Anerkennung, sondern werden in ihren zweiten Herkunftsländern als ›Touristen‹ bezeichnet. Diese Situation versetzt sie in ein permanentes Dilemma.

Diskriminierung muslimischer Kinder und Jugendlicher ...

Konflikte finden nach Erfahrung von Frau Zeitun hauptsächlich im öffentlichen Raum statt, z. B. auf der Straße oder in der Bank. Dort erleben die Jugendlichen ausländerfeindliche Sprüche und Pöbeleien wie »Die nehmen uns die Arbeit weg«, »Die können sich nicht benehmen« oder »Die machen nur Probleme«. Für die Jugendlichen dominiert die ablehnende und ausgrenzende Haltung, während es an Wertschätzung eher fehlt. Das gelte leider auch für Bildungsinstitutionen wie die Schule, so Frau Zeitun.

Eine von Frau Zeitun beobachtete Folge dieser Ablehnungserfahrungen ist die fehlende Bereitschaft der Jugendlichen, noch zu differenzieren, wenn es um Gründe für Ablehnung oder z. B. schlechte Noten in der Schule geht. Dann heißt es schnell: »Die Lehrerin ist ein Nazi, die hat was gegen mich.« Missverständnisse häufen sich, sodass selbst engagierte und weltoffene Lehrer_innen in eine Ecke gestellt werden mit solchen, die wirklich vorurteilsbelastet sind. Jeder wird schnell zum »Rassisten«, wenn er nicht so handelt, wie der_die Jugendliche es möchte. Wut und Trotz, aber auch Rückzug und Ohnmachtsgefühle sind weitere Reaktionen, die letztlich alle nur aufzeigen, was rassistische Erfahrungen mit dem Selbstwertgefühl von muslimischen Jugendlichen machen.

Gemeinschaftserlebnis, Selbstwertgefühl und Wertschätzung

Die Erfahrung von Akzeptanz in einer Gemeinschaft ist eine essenzielle Erfahrung für jeden Menschen, so Frau Zeitun. Als soziales Wesen benötigt er einen Ort, wo er wertgeschätzt und gebraucht wird. Fehlt diese Wertschätzung in der Gesellschaft, wie es muslimische Jugendliche oft erfahren, suchen sie sich diese bewusst im kleineren Kreis, einer Clique, in der sie Akzeptanz, Solidarität und Empathie erfahren. Solche Cliquen bestehen häufig aus Jugendlichen, die denselben Migrationshintergrund haben. Dort fühlen sich die Jugendlichen sicher und akzeptiert: »Wir sind eins«, »Ich bin nicht allein«. Nach außen hin zeigen sie sich gerne laut und offensiv: »Seht her, wir zeigen euch, dass wir nicht so sind, wie ihr uns seht.« Frau Zeitun sieht darin eine Art Trotzreaktion auf die gesellschaftliche Haltung in ihrem Umfeld. Die Clique kann aber auch aus Jugendlichen mit unterschiedlichen Migrationshintergründen bestehen, die allesamt ausgegrenzt sind und sich zusammenfinden, um dem Alltagsrassismus gemeinsam etwas entgegenzusetzen (z. B. eine eigene Kultur). Leider werden in solchen Gemeinschaften nicht selten ebenso Vorurteile gepflegt, nur dass die ›Anderen‹ dann z. B. ›die Deutschen‹ oder ›die Juden‹ sind.

Identitätsstiftende Jugendarbeit mit muslimischen Kindern und Jugendlichen am Beispiel von Mojus

Mojus, die muslimische Jugendcommunity Osnabrücker Land, (die auch für Nicht-Muslime offen ist) ist eine Art Treffpunkt unter Gleichgesinnten in einem geschützten Raum, eine Plattform zum Austausch und ein Ort des Auslotens drängender Fragen.

Geleitet wird *Mojus* von der Streetworkerin Du A Zeitun, die eine muslimische Facebook-Gruppe mit über 1.000 Jugendlichen initiiert hat und auch für ihre Arbeit bei *Mojus* bewusst die neuen Medien nutzt, um junge Muslime zu erreichen. Sie ist leicht erreichbar (z. B. über Facebook) und versucht, die Sprache der Jugendlichen zu sprechen. Die Jugendlichen, mit denen sie zum Teil auch eine WhatsApp-Gruppe pflegt, können sich ihre religiösen Fragen beantworten lassen oder in Diskussionen auf Identitätssuche gehen. »Wer bin ich?« – Diese Frage ist zentral in der Gruppe. Die muslimischen Jugendlichen suchen nach ihrem Platz. Einem Platz, der ihnen zusteht, auf den sie bestehen können – auch gegenüber ihren Eltern. Du A Zeitun begleitet sie auf diesem Prozess der Selbstfindung und führt zahllose Gespräche über das ›Dazwischen-Sein‹ und beantwortet Fragen wie: »Muss ich wie die anderen sein, um deutsch sein zu können?« Sie ist Ansprechpartnerin, ohne jemals über die Kinder und Jugendlichen zu urteilen. Empowerment sieht sie als ihre zentrale Aufgabe. Die muslimische Jugendcommunity *Mojus* bietet den Jugendlichen daher:

- ▸ das Gefühl, dass jemand für sie da ist;
- ▸ den Raum, um sich auszutauschen;
- ▸ ein Forum, um Antworten auf religiöse Fragen zu bekommen (»Ich habe einen christlichen Freund, wie kann ich es meinen Eltern sagen?«);
- ▸ die Möglichkeit. per Mail (auch anonym) Fragen individuell beantwortet zu bekommen und Anliegen vorzutragen (von »Ich möchte eine Moscheeführung mit der Schule machen« bis »Mein Lehrer mobbt mich«);
- ▸ die Möglichkeit, gemeinsam eine eigene Homepage mit einem Chatroom zu entwickeln;
- ▸ Wertschätzung und Lob für ihre Projekte (die auch dokumentiert und öffentlich gemacht werden).

Ein Projekt, an dem *Mojus* teilnahm, war ein gemeinsamer interreligiöser Workshop der muslimischen und der jüdischen Jugendgruppe ihrer Stadt zum Thema »Welche Diskriminierungserfahrungen habe ich?«. Es fanden mehrere Treffen statt, an deren Ende die Jugendlichen die Ergebnisse ihrer Gespräche auf Plakaten zum Ausdruck brachten. Außerdem wurde gemeinsam (halal und koscher) gegessen. Zum Ende des Workshops fand eine von den muslimischen und jüdischen Jugendlichen organisierte Aktion in der Innenstadt von Osnabrück statt, bei der die Jugendlichen eine Menschenkette in den Farben der Deutschlandfahne bildeten. Insgesamt half der Workshop, Berührungsängste abzubauen und Freundschaften auf der Basis von Gemeinsamkeiten zu entwickeln.

Jüdische Kinder und Jugendliche[37]
Problematik einer deutsch-jüdischen Identität

Nach Einschätzung von Benjamin Fischer haben ein Großteil (ca. 80%) der Mitglieder der Jüdischen Gemeinden einen Migrationshintergrund. Durch den Fall des ›Eisernen Vorhangs‹ kamen beispielsweise viele Menschen aus den jüdischen Gemeinden der ehemaligen Sowjetunion nach Deutschland. Sie standen und stehen vor der Herausforderung, ihre Identität neu zu definieren, sich einzuordnen zwischen den (Fremd-)Definitionen als Jude, Russe oder Deutscher. »Es ist wichtig zu verstehen, dass jüdische Identität nicht bloß religiös ist. Als Jude wird man geboren: ist die Mutter jüdisch, ist das Kind jüdisch«, so Fischer. Es kann also durchaus Menschen geben, die sich als jüdisch verstehen, ohne jemals ein Gotteshaus betreten zu haben.

Für jede Minderheit ist Diskriminierung ein Problem. Im Falle der Juden ist das Problem der Antisemitismus, mit dem sie (egal welchen Alters) im Alltag umgehen müssen. Für die sogenannten alteingesessenen Juden (d. h. Zuzug vor den 1990er Jahren) ist die Erinnerung an den Holocaust Hauptgrund dafür, sich nicht als ›Deutsche_r‹ sehen zu wollen. Aufgrund dessen gibt es Vorbehalte, eine rein deutsche Identität anzunehmen. Das gilt vor allem für die

---

37 Expertengespräch mit Benjamin Fischer von der zentralen Wohlfahrtstelle der Juden. Er ist Präsident der *European Union of Jewish Students*. Er war 8 Jahre Jugendleiter, hat Jugendleiter ausgebildet und zwei Jahre lang als Synagogenführer gearbeitet.

Großeltern und die Elterngeneration. Die jetzige Generation hat weniger Schwierigkeiten damit, sich als ›deutsch‹ zu bezeichnen. Grundsätzlich stellen aus jüdischer Sicht aber vier Faktoren ein Hindernis oder zumindest eine Herausforderung für eine Selbstdefinition als Deutsche_r dar: (1) die Migrationsgeschichte, (2) Erfahrungen von Antisemitismus und Diskriminierung, (3) der Holocaust (4) die fehlende Bereitschaft in der Gesellschaft, beide Identitäten nebeneinander zu akzeptieren.

Rassismus/Antisemitismus:
Vorurteile und Stereotype über ›Juden‹

Ganz allgemein muss man konstatieren, dass der Begriff ›Jude‹ in Deutschland noch viel zu oft als Schimpfwort benutzt wird. Es herrschen nach wie vor Stereotype und Klischees über ›die Juden‹, die verallgemeinernd auch auf Kinder und Jugendliche übertragen werden:

► Ihnen wird die Eigenschaft zugeschrieben, ›geizig‹ und ›raffgierig‹ zu sein (Zitat eines Kommilitonen: »Der Scheiß-Jude wollte keinen Rabatt geben«).

► Ihnen wird ein typisch jüdisches Aussehen (große Nase) unterstellt (eine direkte Folge der NS-Propaganda)

► Es wird behauptet, dass sie die USA oder die ganze Welt kontrollieren würden (Verschwörungstheorien alle Art arbeiten mit dem Begriff ›des Juden‹)

Insbesondere die politischen Implikationen dieses Rassismus sind für Kinder und Jugendliche nicht nachvollziehbar:

> »Jeder Jude wird für das palästinensische Leid verantwortlich gemacht. Politische Gründe sind aber für Kinder und Jugendliche hier nicht greifbar.« (Interview mit B. Fischer)

Der Umgang mit Antisemitismus: die Identität verleugnen oder sich ›outen‹? Seine Erfahrung fasste er im Interview wie folgt zusammen:

Sicherlich ist das offene Ausleben des ›Jüdischseins‹ etwas Besonderes, doch wegen der Gefahr vor antisemitischen Übergriffen verbieten viele jüdische Eltern ihren Kindern, sich in der Öffentlichkeit als Jude zu zeigen. Es wird daher vermieden, öffentlich die Religion zuzugeben, hebräisch zu sprechen oder jüdische Symbole zu tragen. Im Einzelnen heißt das: keine hebräischen Zeichen auf T-Shirts zu tragen und die Kippa unter einer anderen Kopfbedeckung zu verstecken, denn eine Kippa zu tragen. ist gleichbedeutend mit sich zu ›outen‹.

> »Es ist gefährlich sich in der Öffentlichkeit als Jude zu zeigen.«

> »Ob in der Schule, im Sportverein, beim Bäcker: es passiert immer dann, wenn man in der Öffentlichkeit, als Jude erkennbar wird.« (B. Fischer)

Kindergarten, Schulen, Synagogen – alle öffentlichen jüdischen Einrichtungen stehen seit 1994 unter Staatsschutz. Im jüdischen Alltag bedeutet das, von der Polizei begleitet und beschützt zu werden. Für den heute 25-jährigen Benjamin Fischer ist das die Normalität.

> »Man wächst damit auf. Wir kannten die Polizisten vor unserer Schule beim Vornamen: eigentlich ein trauriger Alltag.« (B. Fischer)

Wenn im Rahmen der jüdischen Ferienlager, die er jahrelang betreute, Ausflüge gemacht wurden, so mussten diese vorab bei der lokalen Polizei gemeldet werden. Außerdem begleiten Sicherheitsleute die Kinder die ganze Zeit über.

Beispielhafte Rassismuserfahrungen von jüdischen Kindern

Benjamin Fischer, als deutsches jüdisches Kind aufgewachsen, erzählt von drei antisemitischen Angriffen während seiner eigenen Kindheit:

»Mit 6 Jahren, ich war Erstklässler auf einer deutschen Montessori-Schule, wurde ich von einem Mitschüler als ›Judensau‹ beschimpft. Bis dahin hatte ich eigentlich keine Probleme und dachte ich sei unter den anderen Schülern akzeptiert.«

»Auf dem Rückweg von der Schule wurden meine Schwester und ich von zwei etwa 15-jährigen Schülerinnen angegriffen. Sie griffen meine Schwester an und stopften ihr Zeitungspapier in den Mund mit den Worten ›Friss das Jude‹. Sie war 11 Jahre alt, ich etwa 9 Jahre. Wir hatten schreckliche Angst und rannten weg.«

»Bei einem Auftritt meiner jüdischen Schule zum Gedenken an die Juden, die deportiert wurden, wurde unsere Klasse aus dem Publikum mit Hartgeld beworfen und z. B. mit den Worten ›Tanz, Jude!‹ beschimpft.« (B. Fischer)

Geschützte jüdisch geprägte Räume

Um diesen Erlebnissen etwas entgegenzusetzen und einen positiven Bezug zur eigenen Identität zu entwickeln, sind geschützte Räume wichtig. Das kann das Jugendzentrum, der jüdische Kindergarten oder die jüdische Schule sein – alles Orte, an denen Kinder / Jugendliche Judentum praktizieren und als Normalität leben können. Es ist ein vorurteilsbewusster Raum, in dem das Attribut ›Jude‹ kein Makel, sondern ein verbindendes Glied ist.

»Meine Teilhabe in der jüdischen Schule und dem Gemeinschaftsleben waren wichtig für mich. Dort hab ich Nähe und Sicherheit gefühlt. Ich konnte mich zu Hause fühlen, und das hat viel ausgemacht.« (B. Fischer)

Für Fischer sind sowohl die Rolle der Gemeinschaft als auch das Wissen über die Religion wichtig; aber nur in Kombination sind sie auch hilfreich. Kennt man nur die Gemeinschaft, hat aber kein Wissen über die Religion, übernimmt man womöglich ungefiltert Vorgaben darüber, was man sein und denken soll. Fragen im Umgang mit Identität sollte man aber stets selbst beantworten und sich nicht die Antworten von der Gemeinschaft vorgeben lassen. Umgekehrt kann religiöses Wissen, ohne den Austausch in der Gemeinschaft, unter Umständen radikalisierend wirken und ist deshalb ebenfalls problematisch. Diese Menschen entscheiden sich zu sozialer Selektion: sie leben in einem rein jüdischen Umfeld, ihr Glauben ist fundamentalistisch und sie definieren sich primär über diese Abgrenzung . Die große Mehrheit der Juden pendelt irgendwo zwischen diesen Polen des Identitätsverlustes (bzw. der Identitätsverleugnung) und der Abschottung. Es bleibt letztlich immer wieder die Frage: Wie jüdisch bin ich eigentlich?

Empowernde Arbeit in der jüdischen Jugendgruppe

Hauptziel der jüdischen Jugendzentren der zentralen Wohlfahrtsstelle der Juden ist Empowerment. So sind die Gruppen stark auf identitätsstiftendes Miteinander ausgerichtet. Sie sollen die Identität stärken und – je nach Alter der Kinder – auf unterschiedliche Weise erlebbar machen.

In der Jugendgruppe können die Kinder gemeinsam in der Gruppe

▸ ihr Judentum ausleben;
▸ Identitätsfragen stellen (Was für ein Jude bist du? Welche Rolle spielt Judentum für dich? Was bedeutet Antisemitismus?);
▸ Identität gestalten und frei ausleben.

Nach Ansicht der Wohlfahrtsstelle sollte die Jugendarbeit aber keine Vorgaben für die Jugendlichen treffen. Vielmehr muss Jugendarbeit kritischer Reflexion Raum geben. Die Identität sollte offen gestaltbar sein. Wichtig ist es auch, einen reflektierten Zugang zum Judentum aufzubauen (bzgl. der Feste, Inhalte, Bräuche). Als Beispiel dafür führt Fischer eine Unterrichtsstunde zum »Pessach«-Fest an, die er entworfen hat. Jüngere Kinder spielen die Geschichte des Festes nach, während ältere Jugendliche Gespräche über dessen Bedeutung diskutieren und versuchen, einen Bezug zu heutigen moralischen Fragen herzustellen.

Es wird Wert darauf gelegt, dass:

▶ Antworten offen gehalten werden;

▶ Antworten hinterfragt werden dürfen und eigene Bewertungen zugelassen sind;

▶ die Jugendlichen das Recht behalten, selbst zu entscheiden, wie sie sich sehen.

Zusammenfassung: Was ist das Besondere an ›empowernden‹ Jugendgruppen?

Jugendliche mit Migrationsgeschichte (ab 12 Jahre) und solche die nicht-christlich aufwachsen, befinden sich, wie alle Jugendlichen, in der Phase der Identitätsfindung: Wo gehöre ich hin? Mit welcher Gemeinschaft kann ich mich identifizieren? Wo fühle ich echtes Zugehörigkeitsgefühl und wie gehe ich mit Ablehnung um? Dies sind wichtige Fragen, die sie unabhängig von Geschlecht, Herkunftsgruppe oder Religionszugehörigkeit beschäftigen. Wenn das soziale Umfeld Signale sendet, die den Jugendlichen die Zugehörigkeit absprechen oder gar abwertende Haltungen und Vorurteile vermitteln, führt dies zu großen Verunsicherungen. Umso wichtiger sind Akzeptanzräume in ihrem Alltag, in denen Stereotype und Vorurteile gegenüber ›den Türken‹, ›den Schwarzen‹, ›den Muslimen‹ etc. keinen Raum haben. Orte, an denen sie geschützt ihre Identität ausloten und ausprobieren können. Dies findet idealerweise unter Jugendlichen statt, mit denen sie entweder dieselbe Herkunft/Religion teilen oder zumindest die Erfahrung, Stereotypen ausgesetzt zu sein (ohne, dass dies im Mittelpunkt der Aktivitäten stehen muss). In solchen Gruppen ist es z. B. ganz normal, ein Kopftuch zu tragen oder der/die Schwarze zu sein ... In der Gruppe finden die Jugendlichen sowohl erwachsene Gesprächspartner, an die sie ihre Fragen richten können, als auch Gleichaltrige, mit denen sie chatten oder in verschiedenen kulturellen oder politischen Aktionen mehr über sich und ihre Herkunft erfahren können. Übereinstimmend betonten alle befragten Jugendgruppenleiter_innen, dass es Prinzip ihrer Einrichtung sei, identitätsstiftende Inhalte zu vermitteln und den Jugendlichen Fragen zu beantworten – dabei aber keinerlei Vorgaben zu machen. Ein offenes Ohr und eine Vertrauensebene sind ihnen wichtiger als dogmatische erzieherische Vorgaben. Die Leiter_innen bieten den Jugendlichen mit ihren Aktionen auch die Chance auf Anerkennung und Lob innerhalb der Gruppe und ggf. auch von außen (z. B. durch die Website auf Facebook). Im Fall der *Black Diaspora School* schaffen sich die Jugendlichen einen geschütztes Kommunikationsraum (zweites Zuhause), wo sie sich selbst Wissen über ihre Herkunft aneignen und sich Halt geben. Durch das Wissen über afrikanische Kultur und Menschenrechtsthemen stärken sie ihr Selbstbewusstsein. Ihre gemeinsame Erfahrung als Schwarze gibt ihnen Halt und durch ihr gesellschaftskritisches Engagement handeln sie gegen das, was sie klein machen will. Für einige Jugendliche sind dies die ersten Erfahrungen von Aufwertung ihrer Person – wichtige Schritte zu einem positiveren Selbstwertgefühl. Das Besondere ist aber vor allem der Spielraum zur Selbstfindung, der in solchen Akzeptanzräumen besteht. Die Jugendleiter_innen sprechen auf Augenhöhe und nehmen die Sorgen der Jugendlichen sehr ernst und sprechen mit ihnen über Themen, die diese z. T. nicht mit den Eltern besprechen können oder wollen. Die Eltern sind verständlicherweise wegen der natürlichen Abgrenzung zum Elternhaus nur noch bedingt Ansprechpartner. Mehr und mehr sind es Gleichaltrige, mit denen sich die eigenen jugendlichen Kinder austauschen wollen und die sie in Jugendgruppen und Sportvereinen finden. Den Eltern kommt eher die Aufgabe zu, gezielt nach solchen Akzeptanzräumen für ihr Kind zu suchen. So kann man in Kleinstädten eine (z. B. afrodeutsche) Jugendgruppe über Kontakte zu anderen Eltern finden oder unter Umständen sogar selbst initiieren.

Alle Jugendlichen in diesem Kapitel vorgestellten ›empowernden‹ Jugendgruppen eint der große Wunsch oder gar die Sehnsucht nach sozialer Anerkennung und die Suche nach unvoreingenommenen Zuhörer_innen. Sie vermissen sie in der deutschen Gesellschaft oft schmerzlich und fühlen sich durch die ihnen entgegengebrachten Vorurteile eingeengt. Hinzu kommt das enge Bild einer ›deutschen Identität‹, in dem sie sich nicht wiederfinden. Die Jugendgruppen hingegen bieten ihnen die Chance, unter Gleichgesinnten Rückhalt und Geborgenheit zu erleben, sich gleichwertig zu fühlen statt sich zu schämen. Dort können die Kinder den Mut finden, um sich offen zu ihrer Identität als Jude, Schwarzer oder Sinti/Roma zu bekennen.

Sie sind ein äußerer Schutzraum, ein Akzeptanz-Raum unter ›Gleichgesinnten‹, in dem Kinder und Jugendliche als Menschen gesehen werden und jedes äußere Merkmal wie Kopftuch, Hautfarbe oder sonstiges gegenüber der Persönlichkeit zurücktritt.

Darüber hinaus gilt:
▸ Freundschaften zu Kindern ohne Migrationshintergrund unterstützen die Möglichkeit, rassistische Erfahrungen nicht zu verallgemeinern.
▸ Die Wahl der Freunde und Freundinnen sollte sorgfältig getroffen werden. Übertretungen jeder Art sind nicht hinzunehmen.

Handlungsoptionen im ›äußeren Schutzraum‹

Im äußeren Schutzraum finden Kinder und Jugendliche Gleichgesinnte, die sie akzeptieren, wie sie als Menschen sind und eine hohe Sprachsensibilität herrscht.
Empowernde Jugendgruppen stärken das Selbstwertgefühl und helfen dabei, sich selbst jenseits von Stereotypen zu definieren. Sie bieten:
▸ identitätsstiftende Aktivitäten;
▸ das Erlebnis von ›Normalität‹ unter Gleichgesinnten;
▸ Selbstaufwertung und Akzeptanz;
▸ Möglichkeit für Gespräche und Auseinandersetzung über die Frage »Wo gehöre ich hin?«;
▸ Erfolgserlebnisse und Lob.

Akzeptanzräume im äußeren Schutzraum können sein:
▸ bei Freunden, Bekannten, Verwandten aus demselben Kulturkreis/Land;
▸ bei Diasporatreffen/Feiern;
▸ Safer Spaces (geschütztere Räume nur für Kinder und Jugendliche mit bestimmten Merkmalen und Erfahrungen);
▸ vorurteilssensible, empowernde Jugendgruppen (ggf. Safer Spaces in ihrer Nähe suchen);
▸ Kindergärten und Schulen, in denen Diskriminierungsschutz geboten wird und man empowermentorientiert arbeitet.

7
Problematische Verhaltensweisen

Die bisherigen Kapitel haben eine Fülle von Möglichkeiten und Komponenten vorgestellt, wie man seine Kinder mit Widerstandskraft ausstatten kann, Wissen mitgeben kann und für sie sensible Unterstützer sein kann.

Ich möchte an dieser Stelle nun umgekehrt einige verbreitete Verhaltensweisen im Umgang mit Rassismus als problematische Verhaltensweisen kritisieren, weil sie zu oft und zu dramatisch die Kinder und Jugendlichen erneut verletzen und allein lassen in ihrem Schmerz. Im Allgemeinen werden Ausgrenzungen, rassistische Sprüche und diskriminierendes Verhalten in seinen Auswirkungen auf den Selbstwert eines Kindes/Jugendlichen unterschätzt. Anhand der Ergebnisse meiner Studie, den Studien der Antidiskriminierungsstelle und aus Experteninterviews kann ich schließen, dass dies leider zum Teil verheerend ist. Einige Eltern, Lehrer_innen und Erzieher_innen spielen Rassismus herunter und vermitteln, es sei ›okay‹ und akzeptiert. Einige tabuisieren das gesamte Thema, sodass der Eindruck beim Kind entsteht, es sei dem Verhalten ausgeliefert und müsse es ertragen. Zudem besteht bei einigen Eltern und Pädagog_innen die problematische Meinung, man bräuchte nicht zu handeln, wenn Erwachsene oder Kinder sich untereinander ausgrenzen oder mit Vorurteilen begegnen. Das Gegenteil ist der Fall. Gerade in solchen Momenten beginnt die erzieherische Arbeit.

Tabuisieren

Kinder und Jugendliche möchten wissen, wohin sie gehören. Es ist ein Grundbedürfnis, welchem die Eltern mit Gesprächen begegnen sollten. Sitzt das Kind aufgrund seiner Herkunft/Religion >zwischen den Stühlen<, ist z. B. muslimisch und deutsch oder afrikanisch und deutsch, braucht es eine umso klarere Hilfestellung von zu Hause, wie es sich positionieren kann, da es vom Umfeld diese Fragen gestellt bekommt. Dazu braucht es familiäre Geschichten, Klarheit und Rückendeckung von zu Hause. Gibt es zu Hause keine Möglichkeit darüber zu sprechen, weil Rassismus als Thema tabuisiert wird, erhöht sich der Druck auf das Kind immens. Zu seiner Verunsicherung gesellt sich dann noch das Gefühl, mit dem >Problem< alleine dazustehen. Daher sollten Sie von Anfang an offen mit dem Thema umgehen und ihrem Kind insbesondere auf Fragen nach Herkunft und Identität Antwortmöglichkeiten bieten. Diese könnten z. B. so aussehen:

> »Du musst nicht antworten, wenn du nicht willst. Persönliches muss man mit Fremden nicht teilen. Wenn du nicht willst, sagst du: >Das möchte ich nicht sagen, das ist mir zu persönlich.< Wenn du willst, kannst du aber auch sagen: >Ich bin in Deutschland geboren. Meine Eltern sind aus Nigeria und Deutschland. Ich bin afrodeutsch.< «

Ertragen

Das folgende Beispiel ist für jeden Menschen mit einem Bewusstsein für Gerechtigkeit erschütternd. Ich gebe dem Extrembeispiel Raum, um zu zeigen, wie wichtig es ist, dass sich das Kind seinen Eltern anvertrauen kann. Dieses Beispiel ist das eines afrodeutschen, muslimischen Jugendlichen aus dem persönlichen Umfeld von Frau Zeitun, der kein Einzelfall ist:

Simon[38] ist Sohn einer Deutschen und eines Senegalesen. Er ist Moslem und wohnt im ländlichen Raum. Im Umkreis von 2 Stunden gibt es keine andere Schule als seine. Drei Mitschüler hatten es sich zur Gewohnheit gemacht, ihn fertig zu machen. Beschimpfungen, wie »schwarzer Nigger« waren in der Schule an der Tagesordnung, wurden aber von den Lehrern nicht kommentiert. Zweimal verprügelten die Mitschüler ihn sogar so schlimm, dass er ins Krankenhaus kam. Eine Notoperation war nötig, aus der Simon mit einer Behinderung im Genitalbereich zurückblieb. Die Mitschüler entschuldigten sich nur auf Drängen der Mutter, die Schulleitung hingegen unternahm nichts. Die Mutter hatte von den Ängsten und der schlimmen Diskriminierung ihres Sohnes jahrelang nichts mitbekommen. Erst als der 16-Jährige – mittlerweile mit 50 Kilo Übergewicht – sich komplett weigerte, weiterhin in die Schule zu gehen, wurde sie aufmerksam. In einer Therapie öffnete sich der Junge zum ersten Mal und so erfuhr die Mutter, dass der Junge schon seit der Grundschule wegen den dortigen Rassismuserlebnissen unter Depressionen litt. In der Moschee war er als der ›Schwarze‹ unter den Kindern auch nicht richtig akzeptiert. Bis heute ist er depressiv und in therapeutischer Behandlung.

Die Folgen von wiederkehrenden rassistischen Beschimpfungen für die Seele eines Kindes werden noch zu sehr unterschätzt, so Frau Zeitun. Ein Kind nimmt die Rassismuserfahrungen in sich auf. Damit es den Schmerz, den es empfindet, nicht in sich hineinfrisst, muss es ihn verstehen und irgendwie verarbeiten. Dieser Prozess des Verarbeitens kann aber nur

---

38 Name wurde geändert

schwerlich stattfinden, wenn das Umfeld (wie z. B. Familie, Freunde, Lehrer_innen) den Schmerz nicht ernst nimmt. Geschieht dies über einen längeren Zeitraum, verinnerlicht das Kind, dass der Schmerz normal ist und es ihn ertragen muss.

Solche Erfahrungen prägen ein Kind. Sie machen hilflos oder auch wütend. Aber die Erfahrung es niemandem erzählen zu können, ist das Schlimmste, so Frau Zeitun. Einige dieser schutzlosen Jugendlichen – wie ›Simon‹ aus dem obigen Beispiel – werden sogar ernsthaft krank. Um dem vorzubeugen, rät sie ihren Jugendlichen in solchen Fällen, (wenn möglich) die Eltern und danach die Schulleitung hinzuzuziehen, wenn nötig, sogar die Presse zu informieren.

Ein Beispiel dafür, dass die Tabuisierung elterlicherseits in einem direkten Zusammenhang steht mit der Tendenz des Kindes, den Schmerz einfach zu ertragen, bietet ›Michael‹, von dem Benjamin Fischer berichtet:

> »Ich kannte mal einen Jungen, der sehr gelitten hat. ›Michael der Jude‹[39] wurde er genannt. Täglich wurde er als Jude gehänselt, hat sich die ganze Schulzeit nie gewehrt. Er hat alle Kontakte zu jüdischen Freunden abgebrochen, konnte sich aber zu Hause nicht darüber austauschen, da die Eltern die Religion nicht praktizierten oder das Thema besprechen wollten. Es entstand so die Situation für ihn, hoffnungslos ausgeliefert zu sein: Er hatte keine Ansprechpartner zu Hause, keine Empathie in der Klasse und es gab keinen Rückzugsort (wie die jüdische Gemeinde). Diese Kinder sind schwere Fälle.«

Seiner Meinung nach hängt der Einfluss von antisemitischen Erfahrungen auf den Selbstwert und das darauf folgende Verhalten des Kindes stark vom sozialen Umfeld, dem Zuhause und den Freundschaften ab. ›Michael‹ ist ein Beispiel dafür, wie alleingelassen Kinder sein können, wenn die Eltern ihre unterstützende Rolle nicht wahrnehmen und keine Ansprechpartner sind.

---

39 Alle Namen der angeführten Beispiele wurden geändert.

Umso wichtiger ist es, das Gespräch mit ihnen zu suchen und dabei einfühlsam vorzugehen. Denn Kinder und Jugendliche behalten leider häufig ihre verletzenden Erlebnisse für sich, weil sie (1) keine weiteren Konflikte wollen, (2) es ihnen peinlich ist oder (3) sie Angst haben, als Feigling dazustehen.

Ganz allgemein kann man sagen: Wenn Sie ihre Kinder unterstützen und ein offenes Ohr für ihre Anliegen haben, stehen die Chancen nicht schlecht, dass diese den Schmerz nach rassistischen Erfahrungen nicht einfach nur ertragen, sondern in der Lage sind, ihn zu verarbeiten.

Bagatellisieren

Für die betroffenen Kinder und Jugendlichen ist es äußerst problematisch, wenn die verletzende Erfahrung von Rassismus von Eltern, Erzieher_innen oder Lehrer_innen heruntergespielt und bagatellisiert wird. Wer Rassismus ungern thematisiert, bietet Raum für unzählige Situationen im Alltag, in denen trotz stattgefundener Übertretung dem Kind vermittelt wird, es hätte keine rassistische Übertretung/Verletzung gegeben und es gäbe nichts, worauf es notwendig wäre zu reagieren. Dieses Bagatellisieren unterstützt den vorurteilsbehaftet Handelnden und zeigt der umgebenden Gruppe, es sei ›in Ordnung‹, sich auf diese Weise zu verhalten. Das ist dann wiederum die Basis für die nächste Verletzung. Häufig wird dem Kind/Jugendlichen auch die Fähigkeit zur Bewertung der Situation abgesprochen und es wird als ›empfindlich‹ hingestellt, was eine weitere Form der Machtausübung ist. Dem Kind werden durch solche Äußerungen und Reaktionen Selbstwertgefühl und Selbstbestimmung genommen.

Beispiel: Ein afrodeutsches Mädchen von acht Jahren wird in der Schule von ihren Mitschüler_innen aufgrund ihrer Hautfarbe als »Schwarze Kacke« gehänselt. Das Ganze wiederholt sich fast täglich. Es erzählt weinend zu Hause davon und wendet sich anschließend auch an die Lehrerin. Die Reaktion »Nun stell dich nicht so an, sie haben das bestimmt nicht böse gemeint. Kinder sind eben so.«

Was macht das mit dem Kind? Diese Art der Reaktion ist eine doppelte Bestrafung für das Mädchen. Es verliert das Vertrauen in die Klassenlehrerin, und die Fehleinschätzung unterstützt den Eindruck ›Mit mir kann man es ja machen‹. Sicherlich keine wünschenswerte Botschaft an das afrodeutsche Kind.

Für Eltern und Erwachsene, an die sich ein Kind Hilfe suchend wendet, gilt generell folgende Maxime: Ob eine seelische Verletzung stattgefunden hat oder nicht, kann nur das Kind entscheiden.

Den Rassismus ins Zentrum stellen

Extremes Gegenbeispiel zu der Strategie, Rassismus zu ignorieren, ist die Strategie, Rassismus in das Zentrum des Alltags zu stellen. Ein Beispiel dafür wäre ein afrodeutsches Kind, dessen Eltern politisch aktiv und rassismuskritisch leben. Um ihr Kind vor Rassismus zu schützen, thematisieren diese Eltern Rassismus in Form von Verallgemeinerungen gegenüber weißen Deutschen und sprechen von deren »unveränderbarem Rassismus«. Kontakte und Freundschaften zu Kindern ohne Migrationshintergrund versuchen die Eltern zu verhindern, suchen aber gezielt Kontakte zu Schwarzen Menschen und der afrikanischen Diaspora. Handlungen und Aussagen des Umfeldes gegenüber dem Kind werden schnell als rassistische Übertretung ausgelegt. Dem afrodeutschen Kind/Jugendlichen wird vermittelt, es müsse ›im Widerstand sein‹ und ›kämpfen‹, um fair und gleich behandelt zu werden. Die Folgen für das Weltbild des Kindes sind denkbar einseitig. Das Kind empfindet sein Umfeld als bedrohlich. Es verliert die Offenheit, auf andere zuzugehen, wird zunehmend misstrauisch und erwartet ablehnendes Verhalten, sobald es das einzige Schwarze Kind in der Öffentlichkeit ist. Diese Problematik ist auch auf z. B. türkische oder muslimische Kinder übertragbar. Hier ein Beispiel aus meinem Bekanntenkreis:

> Omar[40] ist 7 Jahre alt. Seine muslimischen Eltern leben in einem sehr engen Kontakt zur Gemeinde. Sie verstehen sich als Traditionalisten. Sie haben in ihrem Bekannten- und Freundeskreis bewusst nur Muslime oder Landsleute. Kontakte zu Deutschen ohne Migrationsgeschichte sind Omar nicht erlaubt. Er darf Klassenkameraden nicht mit nach Hause bringen. Seine Eltern haben ihm erzählt, er sei »im Widerstand« und ihr Credo lautet: »Die Deutschen sind Rassisten, wir wollen mit ihnen nichts zu tun haben«. In der Schule hat er das Gefühl, ein Außenseiter zu sein, weil er Muslim ist, und glaubt, er bekommt deshalb schlechtere Noten.

Schlussbetrachtung

Die Eltern von Kindern und Jugendlichen mit Migrationsgeschichte können sich durch sensibles Zugehen, Liebe und aktive Unterstützung für die Gleichbehandlung ihrer Kinder einsetzen. Das Wohlbefinden und das Selbstwertgefühl ihres Kindes können sie gezielt durch antirassistische Strategien

---

40 Name wurde geändert

und altersgerechte Vorbereitung schützen und aufbauen. Indem Sie sich der Lage ihrer Kinder bewusst sind, ihnen zuhören und ihnen zur Seite stehen, bilden Sie zu Hause einen Schutzwall. Darüber hinaus gibt es Gegenentwürfe in interkulturellen Kinderbüchern, Projektschulen, interkulturellen Kitas, die man bewusst für sein Kind wählen kann, um ein kultursensibles Umfeld zu garantieren. Außerdem gibt es Wege, um seine Kinder in ihrer gesunden Persönlichkeitsentwicklung zu unterstützen und ihnen Widerstandskraft mitzugeben. Mischen Sie mit und fordern Sie die Rechte ihrer Kinder ein! Per Gesetz steht Ihren Kindern ein diskriminierungsfreies Umfeld zu.

Ich möchte Ihnen Mut machen: Verzweifeln Sie nicht, überlassen Sie sich nicht dem Gefühl, Sie könnten die eigenen Kinder nicht unterstützen! Dem ist nicht so. Scheuen Sie nicht sich mit vertrauten anderen Eltern auszutauschen. Es geht vielen genauso und gemeinsam findet man oft Lösungen, die man allein nicht sieht. In meinem Empowerment-Trainings habe ich oft erlebt das auch Eltern Empowerment brauchen ihre Anwalt-Rolle zu tragen und mit vielen Ängsten kämpfen. Eine häufig genannte Angst ist die Lage für die eigenen Kinder zu verschlimmern, wenn sie sich beschweren.

Dazu kann ich nur sagen: Sich nicht zu beschweren hat langfristig schlimmere Folgen, wie das das Kind sich von klein auf ohnmächtig fühlt und Minderwertigkeit verinnerlicht.

Und trotz dieser ›unangenehmen‹ Seiten im Alltag, die ich ausführlich in diesem Buch vorgestellt habe, sollten wir Eltern vordergründig die Persönlichkeit und Fähigkeiten unserer Kinder sehen und diese stärken. Sich selbst zu mögen, gut zu sein in Musik oder Sport, Wissen zu haben über Biologie, Astrologie oder Physik (was man spannend findet) soziale oder sprachliche Begabungen zu besitzen, ist unschätzbar, wenn es darum geht, Selbstbewusstsein aufzubauen und sich nicht einengen zu lassen. Wenn es uns darüber hinaus gelingt, kritisch denkende, wehrhafte Kinder (und später junge Erwachsene) zu erziehen, die offen aufeinander zugehen können, sprachsensibel miteinander umgehen und sich für ein faires Miteinander einsetzen, dann ist das sozusagen das Sahnehäubchen.

8
Leitfaden für zukünftige
›Empowerment-Eltern‹

Selbstkonzept stärken

▸ Fördern Sie die persönlichen Stärken ihrer Kinder.
▸ Verwenden Sie interkulturelle Bücher, in denen sie sich wiederfinden und lernen, Hindernisse anzugehen.
▸ Zeigen Sie ihre Wertschätzung durch Sätze wie: »Ich schätze und sehe deine Stärken« oder »Du bist ein wertvoller Mensch, so wie du bist«.
▸ Begeistern Sie ihre Kinder für empowernde Jugendgruppen.
▸ Suchen Sie bewusst nach vorurteilsensiblen Räumen, in denen sie so akzeptiert werden, wie sie sind, ihre Identität ausloten und Erfolge erleben können, Anerkennung finden und ernst genommen werden mit ihren Fragen und Problemen.

Strategien und Handlungsweisen

▸ Bauen Sie eine Vertrauensebene zu ihren Kindern auf, damit sie von Übertretungen erfahren.
▸ Vertrauen Sie dem Gefühl ihrer Kinder, nehmen Sie sich Zeit und hören Sie zu.
▸ Vermitteln Sie, dass es besser ist, sich aktiv zu wehren anstatt den Schmerz auszuhalten.
▸ Unterstützen Sie ihre Kinder aktiv im Falle eine Verletzung.

- ▸ Vermeiden Sie Verallgemeinerungen, da diese ebenfalls Vorurteile sind.
- ▸ Geben Sie ihren Kindern Handlungsstrategien mit oder handeln diese ggf. mit den Kindern sensibel aus.

Identitätsstiftende Inhalte im Alltag

- ▸ Stellen Sie mit ihren Kindern realistische Bezüge zu ihrer Herkunft/Religion her.
- ▸ Vermitteln Sie ihre Kultur und Sprache mit Stolz.
- ▸ Beantworten Sie mit ihnen gemeinsam die Fragen: »Wo gehöre ich hin?« und »Wer bin ich?«
- ▸ Bieten Sie ihnen ein interkulturelles Alltagsleben. Vermitteln Sie Wissen über Vorurteile und Rassismus
- ▸ Bereiten Sie sie altersgerecht auf mögliche Rassismuserfahrungen vor (ohne zu verallgemeinern!)
- ▸ Vermitteln Sie emotionale Distanz zu rassistischen Äußerungen, aber setzen Sie Rassismus nicht ins Zentrum ihres Alltags.
- ▸ Vermitteln Sie ihren Kindern, dass Rassismus nichts ist, was sie bestimmt, sondern dass sie eine einzigartige Persönlichkeit haben.

Anhang

Glossar

Community

Eine Gemeinschaft von Menschen, die soziale Kontakte miteinander pflegt und/oder einer gemeinsamen Herkunfts-/Religionsgemeinschaft angehört. Die Gemeinsamkeit kann sowohl ein gemeinsames Interesse an einem Thema als auch eine PoC-Erfahrung sein. In der Gemeinschaft wird durch unterschiedliche Aktivitäten versucht, sich untereinander zu helfen und füreinander da zu sein. Im Falle von herkunftsbezogenen Communitys sind deren Mitglieder oft ähnlichen Stereotypen und Rassismen ausgesetzt und fühlen sich auch aufgrund dieser gemeinsamen Erfahrung miteinander verbunden.

Diaspora

Diaspora (griechisch ›Verstreutheit‹) bezeichnet die Gesamtheit der geografisch vom historischen Heimatland entfernt lebenden Menschen einer bestimmten Volks- oder auch Religionsgruppe. Mitglieder einer Diaspora (1. Generation) haben eine enge (emotionale) Bindung zu ihrem Ursprungsland und deren Kultur. Sie betrachten dies als ihr *wahres* Zuhause und pflegen ihre eigene (kulturelle) Identität. Trotzdem sind sie zumeist in der Lage, sich mit einem Leben anderswo, das heißt außerhalb ihres Heimatlandes, zu arrangieren, soziale und symbolische Verbindungen zum Aufenthaltsland aufzubauen und dieses zu einem gewissen Grad zur *Heimat in der Fremde* werden zu lassen. Für die folgenden Generationen (Kinder und Kindes-Kinder) ist i. d. R. der neue Geburtsort die Heimat. »Diaspora« steht in diesem Fall für die zweite Identität und repräsentiert diese.[41]

---

41 http://www.bpb.de/apuz/192563/exil-diaspora-transmigration?p=all

Diskriminierung

Diskriminierung ist die auf Rassismus, Stereotypen oder Vorurteilen basierende Ungleichbehandlung einer bestimmten Gruppe oder bestimmter Personen. In Deutschland gibt es keine einheitliche Datenerfassung von Diskriminierungsfällen.

Laut dem allgemeinen Gleichstellungsgesetz (AGG), das seit 2006 gilt, ist Benachteiligung aufgrund von Alter, Behinderung, ethnischer Herkunft und >Rasse<, Geschlecht, Religion und sexueller Identität in Deutschland verboten.

Empowerment[42]

(engl. Empowerment = Selbst-Ermächtigung, Übertragung von Verantwortung)

Empowerment sind Strategien und Maßnahmen, die den Grad an Autonomie und Selbstbestimmung im Leben von Menschen oder Gemeinschaften erhöhen sollen und es ihnen ermöglichen, ihre Interessen (wieder) eigenmächtig, selbstverantwortlich und selbstbestimmt zu vertreten. Empowerment bezeichnet dabei sowohl den Prozess der Selbstbemächtigung, Selbstdefinierung unabhängig von herabsetzenden Projektionen durch das soziale Umfeld, als auch die professionelle Unterstützung der betroffenen Menschen. Es soll helfen, das Gefühl der Macht- und Einflusslosigkeit zu überwinden und Gestaltungsspielräume und Ressourcen wahrzunehmen und zu nutzen.

Kultur

Kultur kann, aus der Perspektive der Cultural Studies, als alltäglich sozial-symbolische Praxis verstanden werden, nämlich als die Art und Weise, in der sich Individuen ihre Lebensbedingungen aneignen und ihrem Leben Sinn geben. Das Kulturelle ist damit jede Praxis symbolischer und sinngebender Unterscheidungsweisen.[43]

---

42 Nassir Shahanian (in Dossier Empowerment, 2013)
43 Paul Mecheril: Migrationspädagogik (2014)

Migrationshintergrund/Migrationsgeschichte

Das soziale Merkmal Migrationshintergrund beschreibt Personen, die selbst oder deren Vorfahren aus einem anderen Staat eingewandert sind, oder soziale Gruppen oder Gemeinschaften, die aus eingewanderten Personen oder deren Nachkommen bestehen.

People of Color (PoC)

PoC ist eine selbstgewählte Bezeichnung von Menschen, die rassistische Erfahrungen teilen. People of Color ist ein politischer und widerständiger Begriff, welcher weit über die Hautfarbe hinausgeht. PoC ist nicht zu vergleichen mit der Fremdbezeichnung >colored< (farbig).

Rassismus[44]

Rassismus stellt eine soziale Praxis der Unterscheidung dar, die bestimmten Menschen gegenüber eine Abwertung, Ungleichbehandlung und Benachteiligung rechtfertigt. Sie ist immer kombiniert mit Machtverhältnissen, da die machtvolle Gruppe die >Anderen< definiert. Rassismus kann in vielen Formen auftreten: im Bildungssystem, als institutionelle Diskriminierung durch Behörden, in der medialen Berichterstattung oder als alltägliche Entwürdigung durch Einzelpersonen. Historisch ist Rassismus eine Ideologie aus dem 18. Jh., die im Kontext des Kolonialismus entstand. Nach der >Rassentheorie< sollen sich angeblich Menschen anhand genetisch bedingter Merkmale in ihrem sozialen Wert unterscheiden. Menschen mit schwarzer Hautfarbe sollen demnach >Untermenschen<, Menschen mit weißer Hautfarbe höherwertig sein. Diese biologische Markierung der Fremdgruppe wurde wichtig, um die Herrschaftsansprüche und die Verletzungen der Menschenrechte (Sklavenhandel) der damaligen kolonialen >Herren< zu legitimieren. Heute bezieht sich rassistische Einteilung von Menschen und Gruppen verstärkt auf Kriterien wie *Kultur, Herkunft oder Religion*, weniger auf die biologisch begründete Wertigkeit von >Rassen<. Doch wenn die kulturellen, sozialen oder religiösen Unterschiede dabei als >naturgegeben< gedacht werden, nehmen diese Kate-

---

44 Quelle: Mediendienst Integration, Stiftung für die Internationalen Wochen gegen Rassismus

gorien leicht den Platz von ›Rasse‹ ein.1995 positionierte sich die UNESCO in einer gemeinsamen Erklärung internationaler Wissenschaftler deutlich von dem Begriff und Denkansatz der rassistischen Unterscheidung und erklärte: »Es gibt keinen wissenschaftlichen Grund, den Begriff ›Rasse‹ weiter zu verwenden.« Das Konzept ›Rasse‹ sei wissenschaftlich widerlegt, es handle sich vielmehr um einen Missbrauch genetischer Argumente.

Stereotype

Die Einordnung von Personen in soziale Kategorien ist ein unvermeidlicher Prozess des Alltags. Diese Kategorisierung dient dazu, sich in einer Umwelt mit einer Fülle von Informationen zurechtzufinden. Ein Stereotyp sind gesammelte überstarke Überzeugungen, Vorstellungen und Urteile über eine soziale Gruppe, wie ›die fleißigen Deutschen‹ oder die ›lebenslustigen Franzosen‹. Sie beeinflussen das Verhalten einer vorurteilsbelasteten Person. Vereinfachte Zuordnungen von Gruppenmerkmalen können zu Vorurteilen führen.

Vorurteil

Vorurteile sind ein Ensemble kulturell gestützter Meinungen oder Einstellungen über Personen, Gruppen oder Sachverhalte. Vorurteile stützen sich in der Regel auf verzerrte, lückenhafte oder falsche Informationen. Sie können positive und negative Wertungen enthalten. In Bezug auf ›Fremde‹ sind sie meistens mit negativen Wertungen besetzt. Durch selektive Wahrnehmung können sie aufrecht gehalten werden.

Vorurteilssensibel beschreibt das Verhalten einer Person, die sich des Wesens von Vorurteilen bewusst ist, diese reflektiert hinterfragt und zu vermeiden versucht .

Zum anderen machen/›Othering‹

Begriff aus der rassismuskritischen Theorie, der den Vorgang bezeichnet, Menschen durch Fragen, Aussagen, Verhalten oder Handlungen als ›nicht zugehörig‹ zu darzustellen, ihnen z. B. eine deutsche Identität abzusprechen.

Literatur / kostenlose Broschüren

Alvarez, Alvin/Liang, Christopher/Neville, Helen (2016): The cost of racism for people of color. Contextualizing experiences of discrimination. Washington D. C.: American Psychological Association.

Amadeo Antonio Stiftung (2016): Einen Gleichheitszauber wirken lassen -Empowerment in der offenen Jugendarbeit verstehen. https://www.amadeu-antonio-stiftung.de/w/files/pdfs/empowerment-internet.pdf (Zugriff 25.10.18)

Amadeo Antonio Stiftung (2017): Läuft bei dir! Konzepte, Instrumente und Ansätze der antisemitischen und rassismuskritischen Jugendarbeit http://www.projekt-ju-an.de/w/files/juan/ju-an-2015-internet.pdf (Zugriff 25.10.18)

Anti Bias Netz (Hg.) (2015): Vorurteilsbewusste Veränderung mit dem Anti-Bias Ansatz, Lambertus Verlag, Freiburg

Antidiskriminierungsbüro Köln/OEGG (2013): Sprache schafft Wirklichkeit; https://www.oegg.de/sprache-schafft-wirklichkeit-glossar-und-checkliste-zum-leitfaden-fuer-einen-rassismuskritischen-sprachgebrauch/

Antidiskriminierungsstelle des Bundes: Diskriminierung im Bildungsbereich und Arbeitsleben, Berlin, 2013 http://www.antidiskriminierungsstelle.de/SharedDocs/Downloads/DE/publikationen/BT_Bericht/Gemeinsamer_Bericht_zweiter_2013.pdf?__blob=publicationFile

Antidiskriminierungsstelle des Bundes, ADS (2018): Diskriminierung an Schulen erkennen und vermeiden. http://www.antidiskriminierungsstelle.de/SharedDocs/Downloads/DE/publikationen/Leitfaeden/Leitfaden_Diskriminierung_an_Schulen_erkennen_u_vermeiden.pdf?__blob=publicationFile&v=2 (Zugriff 25.10.18)

Antidiskriminierungsstelle des Bundes, ADS (2013a): Diskriminierung im Bildungsbereich und im Arbeitsleben http://www.antidiskriminierungsstelle.de/SharedDocs/Downloads/DE/publikationen/BT_Bericht/Gemeinsamer_Bericht_zweiter_2013.pdf?__blob=publicationFile&v=6 (Zugriff 25.10.18)

Antidiskriminierungsstelle des Bundes, ADS (2012): Schutz vor Diskriminierung im Bildungsbereich. Eine Analyse von Rechtslücken im Schul-und Sozialrecht http://www.antidiskriminierungsstelle.de/SharedDocs/Downloads/DE/publikationen/Expertisen/Expertise_Schutz_vor_

Diskriminierung_im_Schulbereich.pdf?__blob=publicationFile (Zugriff 25.10.18)

Antidiskriminierungsstelle des Bundes, ADS (2013b): Diskriminierung im schulischen und vorschulischen Bereich

www.antidiskriminierungsstelle.de/SharedDocs/Downloads/DE/publikationen/Expertisen/Expertise_Diskriminierung_im_vorschulischen_und_schulischen_Bereich.html (Zugriff 25.10.18)

Antidiskriminierungsstelle des Bundes, ADS (2012).: Expertise Wechselwirkungen zwischen Diskriminierung und Integration. Analyse bestehender Forschungsbestände

http://www.antidiskriminierungsstelle.de/SharedDocs/Downloads/DE/publikationen/Expertisen/Expertise_Wechselwirkung_zw_Diskr_u_Integration.pdf?__blob=publicationFile&v=3 (Zugriff 25.10.18)

Arndt, Susan/Ofuatey-Al-Lazard, Nadja (2011): Wie Rassismus aus Wörtern spricht. (K)Erben des dt. Kolonialismus im Wissensarchiv deutsche Sprache. Ein kritisches Nachschlagewerk. Münster: Unrast Verlag

Benbrahim, Karima (Hg) IDA NRW (2014): Diversität bewusst wahrnehmen und mitdenken, aber wie?

https://www.idaev.de/fileadmin/user_upload/pdf/publikationen/Reader/2012_IDA_Diversitaet.pdf (Zugriff 25.10.18)

BeNeDiSK, Berliner Netzwerk gegen Diskriminierung in Schule und Kita (2016): Empfehlungen für eine wirksame Informations- und Beschwerdestelle in Berlin. www.benedisk.de/wp-content/uploads/2016/03/2016_Empfehlungen-Beschwerdest-Diskriminierung-Schule-Kita-Berlin_F_web.pdf (Zugriff 25.10.18)

Beratungsnetzwerk Hessen (2017): »Was soll ich denn da sagen«, Zum Umgang mit Rechtsextremismus u. Rassismus im Schulalltag.

http://beratungsnetzwerk-hessen.de/uploads/bnwh/dokumente/public/img/contentimg/news_fotos-pdfs_neu/BNWH_Brosch_schule_web.pdf (Zugriff 25.10.18)

Böhm, Thomas (2019): Diese Note akzeptieren wir nicht. Welche Rechte Eltern in der Schule haben. MVG Verlag.

Böll Stiftung (2013): Dossier Empowerment (online unter www.heimatkunde.de)

Boyd, Charles (2003): Was für Eltern braucht mein Kind? Wege zu einer typenmäßigen Erziehung, Brockhaus Verlag, Wuppertal

Can, Halil (2011): Empowerment. In: Arndt, Susan/Ofuatey-Alazard, Nadja: Wie Rassismus aus Wörtern spricht. (K)Erben des dt. Kolonialismus im Wissensarchiv deutsche Sprache. Ein kritisches Nachschlagewerk. Münster: Unrast Verlag. S. 587-591

Each One Teach One (2020): Afrozensus. https://afrozensus.de/reports/2020/

Fthenakis, Wassilos (2015): »Was macht unsere Kinder stark?« In: Geist und Entwicklung, S. 20-23, Spektrum Verlag, Heidelberg

Fereidooni, Karim (2011): Schule – Migration – Diskriminierung: Ursachen der Benachteiligung von Kindern mit Migrationshintergrund im deutschen Schulwesen, VS Verlag, Wiesbaden

Gomolla Mechthild, /Radtke, Frank-Olaf (2009): Institutionelle Diskriminierung. Die Herstellung ethnischer Differenz in der Schule, VS Verlag, Wiesbaden

Gomolla, M./Radtke, O. (2012): Institutionelle Diskriminierung. Die Herstellung ethnischer Differenz in der Schule. Wiesbaden: VS Verlag

Hahn, Heidi; Laudenberg, Beate; Rösch, Heidi (Hg.) (2015): Wörter raus!? Zur Debatte um eine diskriminierungsfreie Sprache im Kinderbuch; Beltz Uventa, Weinheim/Basel

hooks, bell (2010): Teaching Critical Thinking, Routledge. London

Institut für den Situationsansatz /Kinderwelten (2017): Inklusion in der Kitapraxis. Teil 1-4, Wamiki Verlag.

Jones, Reginald L./Lewis-Trotter, Pamela B. (2004): Racism. Psychological Perspectives. In: Jones, Reginald L. (Hrsg.): Black Psychology. Hampton: Copp & Henry, S. 559–588.

Jagusch, Birgit (2020): Empowerment und Powersharing. Ankerpunkte, Positionen, Arenen. Weinheim: Beltz Juventa

Kaletsch C./Rech, S. (2015): Heterogenität im Klassenzimmer. Methoden, Beispiele und Übungen zu Menschenrechtsbildung. Schwallbach: Debus Pädagogik Verlag

Kechaja, Maria (2016): Kunst und Empowerment-Rap und Hip Hop Tanz im T.A.L.K Projekt. In: Pädagogischer Umgang mit antimuslimischen Rassismus (Hrsg.) Demokratiezentrum Baden Württemberg, S. 48-55

Kinderrechtskonvention 2012: Bericht Committe on the rights of Child (25.2.2014). Pos. 24 und 25, http://www.childrightsconnect.org/connect-with-the-un-2/committee-on-the-rights-of-the-child/

Kleff, Sanem: Der Präventionsansatz von Schule ohne Rassismus – Schule mit Courage, Bausteine 1, Bezug über: Bundeskoordination Schule ohne Rassismus – Schule mit Courage, Ahornstr. 5, 10787 Berlin. http://www.schule-ohne-rassismus.org/

Klöse, Alexander und Liebscher, Doris (2015): Antidiskriminierungspolitik in der deutschen Einwanderungsgesellschaft. Verlag Bertelsmann Stiftung, Gütersloh

Kultusministerkonferenz: Beschluss der Kultusministerkonferenz »Interkulturelle Bildung und Erziehung« (5.2.2013). http://www.bildungsserver.de/db/mlesen.html?Id=29284

Liebkind, K. und Jassinskaja-Lathi, I. (2000): The Influence of Experiences of Discrimination on Psychological Stress: A Comparison between seven Immigrant Groups. Journal of Community an Applied Social Psychology, S.1-16

Largo, Remo (2012): Kinderjahre. Die Individualität des Kindes als erzieherische Herausforderung, Pieper Verlag, München

Lösel, F. et al. (1999): Von generellen Schutzfaktoren zu differenziellen protektiven Prozessen: Ergebnisse und Probleme der Resilienzforschung. In: Opp (Hg.): Was Kinder stärkt – Erziehung zwischen Risiko und Resilienz, S. 37-58, Reinhard Verlag, München

Madubuko, Nkechi (2011): Typologie im Umgang mit beruflichem Akkulturationsstress bei Afrodeutschen – Selektion versus erfolgreiche Stressbewältigung. In: Potenziale der Migration zwischen Afrika und Deutschland. Hrsg. v. Bundesamt für Migration und Flüchtlinge (BAMF), Nürnberg

Madubuko, Nkechi (2010): Akkulturationsstress von Migranten. Berufsbiographische Erfahrungen und Bewältigungsstrategien. Wiesbaden: Springer Verlag.

Madubuko, Nkechi (2019): Diversitätsbewusstsein, Resilienzförderung & Empowerment im Kontext Schule. DRK (Hrsg.) In: Impulse zur Resilienzförderung am Lern- und Lebensort Schule S. 209-299. https://drk-wohlfahrt.de/uploads/tx_ffpublication/DRK_Expertise_Resilienz.pdf

Madubuko, Nkechi (2021a): Praxishandbuch Empowerment. Rassimuserfahrungen von Kindern und Jugendlichen begegnen, Weinheim: Beltz Juventa Verlag

Madubuko, Nkechi (2021b): Erziehung zur Vielfalt. Wie Kinder einen wertschätzenden Umgang mit Unterschieden lernen. München: Kösel Verlag

Marmer, Elina (2013): Rassismus in deutschen Schulbüchern am Beispiel von Afrikabildern. In: ZEP, Heft 2, S. 25-31

Mecheril, Paul (2007): Die Normalität des Rassismus. In: Informations-

und Dokumentationszentrum für Antirassismusarbeit in NRW (Hg.): Tagungsdokumentation des Fachgesprächs zur »Normalität und Alltäglichkeit des Rassismus« am 14./15.09.07, S. 3-16

Mecheril, Paul (2015): Plädoyer für mehr Empfindlichkeit. In: Marschke, Britta / Brinkmann, Heinz Ulrich (Hg.): »Ich habe nichts gegen Ausländer, aber.« Alltagsrassismus in Deutschland, LIT Verlag, Münster

Mikrozensus (2023): Destatis. https://www.destatis.de/DE/Themen/ Gesellschaft-Umwelt/Bevoelkerung/Migration-Integration/_in-halt.html

Mediendienst Integration (www.mediendienst-integration.de)

Nassir-Shahnian, Natascha (2013): Dekolonisierung und Empowerment. In Böll Stiftung: Empowerment Dossier https://heimat-kunde.boell.de/sites/default/files/dossier_empowerment.pdf

Nguyen, Toan (2014): Diversitätsbewusstsein – eine pädagogisch-politische Haltung. Unterstützen und Stärken von marginalisierten Schüler_innen. In: Reader Schulsozialarbeit, Band 2, S. 16-41, Berlin

Niendorf, M./Reitz, S. (2016): Das Menschenrecht auf Bildung im deutschen Schulsystem. Was zum Abbau von Diskriminierung notwendig ist. Hrsg. v. Deutsches Institut für Menschenrechte https://www.institutfuermenschenrechte.de/fileadmin/user_up-load/Publikationen/ANALYSE/Analyse_Das_Menschenrecht_auf_Bildung_im_deutschen_Schulsystem_Sep2016.pdf

Sachverständigenrat dt. Stiftungen (2013). Segregation an deutschen Schulen. Ausmaß, Folgen und Handlungsempfehlungen für besser Bildungschancen https://www.svr-migration.de/wp-content/uploads/2013/07/ SVR-FB_Studie-Bildungssegregation_Web.pdf (Zugriff 25.10.18)

Ogette, Tupoka: Wanted: Schwarze Held_innen in deutschen Kin-derbüchern; https://heimatkunde.boell.de/2014/02/24/wanted-schwarze-heldinnen-deutschen-kinderbuechern

Pates, Rebecca (2019): Antidiskriminierungspädagogik. Konzepte und Methoden für die Bildungsarbeit mit Jugendlichen. Wiesba-den: VS Verlag

Schwing, Rainer & Fryszer, Andreas (2013): Systemische Beratung und Familientherapie, Verlag Vandenhoeck & Ruprecht, Göttingen

Sequeira, Dileta (2016): Gefangen in der Gesellschaft. Alltagsrassis-mus in Deutschland. Rassismuskritisches Denken und Handeln in der Psychologie. Marburg: Tectum Verlag

Sinoplu, A., Mukiibi J. (2017): Diversitätsbewusste Bildungsarbeit und Empowerment., In: Karima Benbrahim, IDA NRW (Hg): Diversität bewusst Wahrnehmen -aber wie? S.46-51 https://www.idaev.de/fileadmin/user_upload/pdf/publikationen/Reader/2012_IDA_Diversitaet.pdf (Zugriff 25.10.18)

Statistisches Bundesamt (2014): Bevölkerung mit Migrationshintergrund, Mikrozensus Fachserie 1, Reihe 2.2., Wiesbaden

Stiftung Mercator & Vodafone Stiftung Deutschland (2015): Große Vielfalt, weniger Chancen. Eine Studie über Bildungserfahrungen und Bildungsziele von Menschen mit Migrationshintergrund in Deutschland, Essen

Unabhängiger Expertenkreis (2023): Muslimfeindlichkeit. Eine deutsche Bilanz. Im Auftrag des Bundesministerium des Innern und für Heimat. https://www.bmi.bund.de/SharedDocs/downloads/DE/publikationen/themen/heimat-integration/BMI23006-muslimfeindlichkeit.pdf?__blob=publicationFile&v=9

Wong, Paul (2007): Handbook of multicultural perspective on stress and coping, Springer Verlag, Heidelberg

Wagner, Petra (2007): Ausgrenzung – ein Thema, das uns alle betrifft. Unser Umgang mit Vorurteilen und Diskriminierung. In: Kindergarten heute, Jg. 9, S. 6-30

Auswahl von diversitätssensiblen Kinderbüchern

Ben Jelloun, Tahar: »Papa, was ist ein Fremder?« Gespräch mit meiner Tochter, Rowohlt Verlag, Berlin 2000 (geeignet ab 10 Jahren).

Besse, Karin/Rousseau, Mathilde (2016): Nelly und die Berlinchen. www. hawandel.de

Byers, Grace (2018): I am enough. Balzer + Bray; Illustrated Edition (englisch)

Della, Nancy (2014): Das Buch das Bauchschmerzen macht. Edition Assemblage

Garcia, Gabi I (2020): Ich schaffe das. Achtsame Affirmationen für Kinder. Skinned knee Publising

Hoffmann, Mary (2010): Du gehörst dazu.

Das große Buch der Familien. Sauerländer Hoffmann, Mary (2019): Du und ich sind wir. Das große Buch der Freundschaft. Sauerländer

Hoffmann, Mary (2020): Du und ich sind gleich und anders. Das große Buch des Lebens. Sauerländer

Kamcili-Yildiz, Naciye/Kammeyer, Katharina (2015): Wir feiern Ramadan. Ein interreligiöses Praxisbuch. Don Bosco

Kamcili-Yildiz, Naciye/Fromme-Seifer, Viola (2018): Miteinander Feiern. Die 7 schönsten Feste für interkulturelle Kita-Gruppen. Don Bosco

Kodua, Dayan (2022): Wenn meine Haare sprechen könnten. Hamburg: Gratitude Verlag

Weinhold, Angela (2003): Wieso, Weshalb, Warum: Unsere Religionen. Ravensburg

von Kitzing, Constanze (2019): Ich bin wie Du. Ich bin anders als Du. Das Wendebuch. Carlson

Broschüren zu interkulturellen, diversitätssensiblen Kinder- und Jugendbüchern

Bundesverband binationaler Partnerschaften:
»Interkulturelle Kinderbücher«
(Inhalt: interkulturelle Bücher ab 3 J.; ab 6 J.; ab 10 J., Tierparabeln und Phantasiegestalten, Bücher zum Thema Religion und Mehrsprachigkeit)

»Weltkinderspiele –Interkulturelle Materialien und Ideen für den Alltag mit Kindern«
(Inhalt: Rassismus im Kinderzimmer, Spiel und Materialien für Kinderzimmer, Bücher zu interreligiösem Lernen, Bücher zur Förderung von Mehrsprachigkeit)
Bezug über: Bundesverband binationaler Partnerschaften, Landesgeschäftsstelle NRW, Thomas-Mann-Str. 30, 53111 Bonn. www.verband-binationaler.de

Jüdisches Museum Berlin in Kooperation mit Kulturkind e. V.:
»Vielseitig – Lesenswerte Bücher«
(Inhalt: Auswahl von 50 Büchern für Kinder und Jugendliche, die vorurteilsbewusst und wertneutral die Heterogenität unserer Gesellschaft abbilden)
Bezug über: Jüdisches Museum Berlin, Nina Wilkens, Lindenstraße 9-14, 10969 Berlin. http://www.jmberlin.de/ksl/literatur/vielseitig_broschuere_DE.php

GLADT (Gemeinsam für Akzeptanz – Mariannenplatz gegen Lesben-, Schwulen- und Trans-Feindlichkeit):»Gemeinsam für Akzeptanz. Bücherliste zu verschiedenen Lebensrealitäten von 2-6 Jahren«
(Inhalt: Kindgerecht dargestellte Realitäten zu den Themen Antidis-

kriminierung, alternative Lebensweisen, Ängste, Familien [Adoption/ Geburt/ Einelternteil-/ Regenbogen-/ Patchwork-Familien] Freundschaft, Geschlechtersensibilität, gleichgeschlechtliche Liebe, Identität, Krankheit, kulturelle Hintergründe, Trennung)
Bezug über: Mariannenplatz@GLADT.de

Fachstelle KINDERWELTEN für Vorurteilsbewusste Bildung und Erziehung im Institut für den Situationsansatz: »Kinderwelten 2014 – noch mehr Kinderbücher für eine vorurteilsbewusste und inklusive Bildung für Kinder von 3 bis 6 Jahren«
Bezug über: Institut für Situationsansatz, Urbanstr.44, 10967 Berlin; www.kinderwelten.net

Workshops

Vereine

Phoenix e. V. – Für eine Kultur der Verständigung
Büsackerstr. 11 , 47179 Duisburg
info@phoenix-ev.org; www.phoenix-ev.org
bietet sowohl Anti-Rassismustrainings als auch Empowermenttrainings
an

Initiative Schwarzer Menschen in Deutschland Bund e. V. (ISD)
www.isdonline.de

Each One Teach One e. V. (Berlin), Empowerment-Räume, Angebot
für Schwarze Jugendliche (Berlin)
www.eoto-archiv.de

Eine Welt der Vielfalt e. V. Berlin
bieten Diversitiy- und Senibilisierungstrainings für Organisationen,
Einrichtungen und Schulen u. a. zu Religious Diversity/Diversity mit
Schwerpunkt Migration, Ethnische Zugehörigkeit und Hautfarbe an
sowie Empowerment-Trainings für förderungsbedürftige Personengruppen, die von mittelbarer bzw. unmittelbarer Diskriminierung
betroffen sind. Ziel ist das Empowerment im Sinne der Stärkung von
Selbstvertrauen und Erhöhung der Handlungskompetenz. Mögliche
Zielgruppen: Schüler_innen und Mitarbeitende nicht-deutscher Her-
kunft sowie andere strukturell benachteiligte Personengruppen
Kontakt: info@ewdv-berlin.de, www.ewdv-berlin.de

Freiberufliche Trainer_ innen (Auswahl)

Pasquale Virginie Rotter, Empowerment-Trainerin für Erwachsene mit Rassismuserfahrung. Schwerpunkte: Körper und Bewegung in rassistischen Machtverhältnissen, Selbstfürsorge, Stressprävention.
kontakt:pasquale.rotter@gmail.com
http://empowering-diversity.tumblr.com

Olenka Bordo Benavides, Empowerment-Trainerin
»Selbstverteidigung mit Worten«: Empowerment mit Mädchen of Color/Schwarze Mädchen und mit jungen Menschen (aus dekolonialer Perspektive).
Kontakt: olenka_cbordo@online.de

ManuEla Ritz, Anti-Rassismustrainerin und Sozialpädagogin. Sie arbeitet als machtkritische Teamerin im Bereich Anti-Diskriminierung. Ihre Empowerment-Workshops richten sich an rassismuserfahrene Menschen jeden Alters
Kontakt : manumwangi@gmx.de

Tzegah Kibrom, Diversity Trainerin (Workshops zu interkultureller Kommunikation, Diversity, Anti-Diskriminierung und Empowerment)
Kontakt: http://www.kibrom.de

Maryam Mohseni, Empowerment-Trainerin für Jugendliche und Erwachsene mit Rassismuserfahrungen sowie Trainerin für rassismuskritische und diskriminierungssensible Bildungsarbeit; arbeitet mit dem Forumtheater/theatre of the oppressed
Kontakt: maryam.mohseni@web.de

Tupoka Ogette

exit RACISM

**rassismuskritisch
denken lernen**

11. Auflage | 136 Seiten | 12.80 €
ISBN 978-3-89771-230-0

Interaktives Handbuch der bekannten Anti-Rassismus-Trainerin

Das Buch begleitet die Leser*innen bei ihrer mitunter ersten
Auseinandersetzung mit Rassismus und tut dies ohne erhobenen
Zeigefinger. Vielmehr werden die Leser*innen auf eine rassismuskritische Reise mitgenommen, in deren Verlauf sie nicht nur
konkretes Wissen über die Geschichte des Rassismus und dessen
Wirkungsweisen erhalten, sondern auch Unterstützung in der
emotionalen Auseinandersetzung mit dem Thema.

»Der nach wir vor in der weißen Gesellschaft präsente Alltagsrassismus ist so verpackt, dass er – wenn man nicht selbst tan-
giert ist – meist gar nicht auffällt. Ogettes Buch ist ein Appell an
die (wohl vornehmlich linken) weißen Leser/innen, endlich die
Scheuklappen abzunehmen.«   *Selina Staniczek | konkret*

UNRAST Verlag | kontakt@unrast-verlag.de

Lisa Pychlau-Ezli & Özhan Ezli

**Wer darf in die
Villa Kunterbunt?**

**Über den Umgang mit
Rassismus in Kinderbüchern**

312 Seiten | 18 €
ISBN 978-3-89771-191-4

Wie rassistisch sind eigentlich unsere liebsten Kinderbücher?

Wie ein roter Faden zieht sich Rassismus durch das Genre der
Kinderliteratur des 20. Jahrhunderts und ist selbst in beliebten
Kinderbüchern von heute noch zu finden.

Das Autorenpaar zeichnet die Genese von Rassismus in der
Kinderliteratur nach, reflektiert die sogenannte ›Kinderbuch-
debatte‹ und erklärt, warum viele Kinderbücher literarisch nur
aufgrund von Rassismus funktionieren. Ihre konkreten Vorschläge zum Umgang mit rassistischen Kinderbüchern helfen
Eltern und Vorlesenden, Rassismus in Kinderbüchern nicht nur
zu verstehen, sondern auch selbst zu erkennen.

UNRAST Verlag | kontakt@unrast-verlag.de